BIBLIOTHÈQUE DU VIEUX PAR[IS]

Ernest Lemarchand

Le Château Royal de Vincennes

de son origine à nos jours

> Vincennes, Résidence royale ❧ Les Minimes du bois de Vincennes ❧ Mazarin à Vincennes ❧ Les prisonniers du Donjon ❧ Fêtes patriotiques à Vincennes pendant la Révolution ❧ La mort du duc d'Enghien ❧ Louis XVII a-t-il été enfermé à Vincennes de 1804 à 1809? Daumesnil ❧ Transformations du château et du bois ❧ ❧ ❧ ❧ ❧ ❧ ❧ ❧ ❧ ❧ ❧

Ouvrage orné de 4 Planches hors-texte

PARIS (IXe)

H. DARAGON, LIBRAIRE-ÉDITEUR

30, rue Duperré, 30

M D CCCC VII

LE CHATEAU ROYAL

DE

VINCENNES,

Cet ouvrage ne sera jamais réimprimé

Il a été tiré de cet ouvrage :
650 exemplaires sur Hollande (7 à 657),
6   —   sur Japon Impérial (1 à 6)

Droits réservés pour tous pays y compris la Suède la Norvège et le Danemark

BIBLIOTHÈQUE DU VIEUX PARIS

Ernest Lemarchand

Le Château Royal de Vincennes

de son origine à nos jours

> Vincennes, Résidence royale ❦ Les Minimes du bois de Vincennes ❦ Mazarin à Vincennes ❦ Les prisonniers du Donjon ❦ Fêtes patriotiques à Vincennes pendant la Révolution ❦ La mort du duc d'Enghien ❦ Louis XVII a-t-il été enfermé à Vincennes de 1804 à 1809? Daumesnil ❦ Transformations du château et du bois ❦ ❦ ❦ ❦ ❦ ❦ ❦ ❦ ❦ ❦ ❦

Ouvrage orné de 4 Planches hors-texte

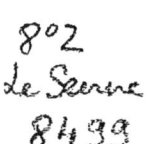

PARIS (IXe)

H. DARAGON, LIBRAIRE-ÉDITEUR

30, rue Duperré, 30

—

M D CCCC VII

PRINCIPAUX OUVRAGES CONSULTÉS

Transaction entre les minimes de Vincennes et la commune de Montreuil, 1668 (manuscrit). — Bibliothèque de la ville de Paris. Dossier IV-9. In-8°.

Mémoires concernant les hôpitaux de la ville de Paris et les maisons de force du royaume de l'année 1745. 2me volume (manuscrit).

L'abbé LEBŒUF. — *Histoire du diocèse de Paris*, t. II, p. 403-17 de l'édition de 1883.

PONCET DE LA GRAVE. — *Mémoires intéressans pour servir à l'histoire de France... Vincennes et toutes ses dépendances.* Paris, Nyon, 1788. 2 vol. in-12 (avec planches).

MIRABEAU. — *Des lettres de cachet et des prisons d'Etat.*

J.-J. ROUSSEAU. — *Confessions.*

LINGUET. — *Mémoires d'un prisonnier d'Etat sur l'administration intérieure du château de Vincennes (1783).*

MILLIN. — *Histoire et description du château de Vincennes* (1790)

Registre des délibérations du conseil municipal de Vincennes depuis 1787 jusqu'à l'an V (1796), et de 1810 à nos jours.

DELORT. — *Histoire de la détention des philosophes et des gens de lettres à la Bastille et à Vincennes* (1829).

CHATEAUBRIAND. — *La mort du duc d'Enghien.*

Louis BLANC — *Histoire de dix ans.*

ALBOIZE et MAQUET. — *Le Donjon de Vincennes* (1844).

A. DUQUET. — *La Guerre de 1870-71.*

Lissagaray. — *Histoire de la Commune de 1871.*

G. de Laval. — *Esquisse historique sur le château de Vincennes.*

U. Robert. — *Notes historiques sur Saint-Mandé.*

V. Grandvaux. — *Les Minimes du bois de Vincennes.*

Funck-Brentano. — *Légendes et Archives de la Bastille.*

Les planches illustrant cet ouvrage sont des reproductions d'anciennes estampes collectionnées par l'auteur. Les clichés en sont dûs à M. Gillot, éditeur de l'*Annuaire des Commerçants de Vincennes*, qui a bien voulu les mettre gracieusement à notre disposition. Nous lui en adressons ici nos plus sincères remerciements.

CHAPITRE PREMIER

Etymologie et origine de Vincennes. — Le collège du dieu Silvain. — L'ancien manoir royal. — La tourelle de Saint-Mandé. — Les Bonshommes du bois de Vincennes.

Lorsque César, à la tête des légions romaines, fit la conquête de la Gaule, il trouva la capitale de la tribu des Parisii, Lutèce, qui n'était alors qu'une chétive bourgade, entourée d'une immense et épaisse forêt dont deux parties seulement subsistent aujourd'hui : l'une à l'ouest de la capitale et portant le nom de bois de Boulogne ; l'autre, située à l'est et connue sous le nom de bois de Vincennes.

Cette dernière partie, qui s'est longtemps étendue sur une notable portion de la région, comme en témoignent encore les dénominations de Montreuil-sous-Bois et de Fontenay-sous-Bois et dont une parcelle, le bois de Romainville, n'a disparu que depuis peu, a vu l'origine de son nom fort discutée. Des auteurs de différentes époques nous ont donné de Vincennes un grand nombre d'étymologies, les unes très ingénieuses et faisant grand honneur à l'imagination de leurs auteurs, mais toutes ayant le grave défaut de n'être que de très hypothétiques solutions.

Selon les uns, Vincennes vient de *vita sana*[1], vie saine, à cause de l'air pur qu'on y respire et de la salubrité du plateau ; d'après les autres, ce nom vient de *vingt cennes*, corruption de vingt-cents, parce que le parc primitif avait deux mille arpents de superficie ; d'autres y ont vu une altération de *vigenti stada*[2], vingt stades, c'est-à-dire deux mille cinq cents pas, ce qui était la distance séparant Vincennes de la capitale.

Poncet de la Grave croit qu'il existait autrefois en cet endroit un haras établi par les Francs et que le bois aurait pris son nom de *Wills*, qui, en bavarois, signifiait cheval médiocre. Enfin, d'après Le Bœuf[3], le nom primitif aurait été *Vilcena* et le récit qui va suivre nous fournira l'explication de cette solution :

En 1728, un certain abbé Chevalier fit présent à dom Bernard de Montfaucon d'une pierre trouvée au bois de Vincennes et qui lui avait été donnée par un chanoine du couvent de Saint-Maur ; cette

---

[1] Pierre de Fénin, *Mémoires sur Charles VI*.
[2] De Valois, *Histoire de l'Académie royale des Inscriptions et Belles-Lettres*, t. XVIII, p. 292.
[3] Le Bœuf, *Histoire du Diocèse de Paris*.

pierre portait une inscription sur laquelle dom Bernard fit un mémoire qu'il lut en 1734 à l'Académie des Inscriptions et Belles-Lettres.

« C'était, dit Le Bœuf dans son *Histoire du Diocèse de Paris*, une pierre plate d'environ un pied carré, elle paraît avoir été faite pour être incrustée dans le mur ou sur une porte ; elle est composée de sept lignes ; les lettres ont plus d'un pouce dans les premières lignes et vont en diminuant à mesure qu'on approche de la fin. Il y a un point après chaque mot :

COLLEGIUM
SILVANI. REST.
ITUERUNT. M.
AURELIUS. AUG.
LIB. HILARIUS.
ET. MAGNUS. CRYPT.
TARIUS. CURATORES.

Montfaucon a lu ainsi cette inscription : *Collegium Silvani restituerunt Marcus-Aurelius Augusti libertus Hilarus et Magnus-Cryptarius curatores*. Ce qui veut dire que Marcus-Aurelius, affranchi d'Auguste, surnommé Hilarus et Magnus-Cryptarius ont rétabli le collège de Silvain. »

Dom Bernard ajoute dans sa communication à l'Académie :

« Le nom de Marcus-Aurelius, que portait l'affranchi d'Auguste, marque qu'il était affranchi de Marc-Aurèle, qui régna depuis l'an 161 de Jésus-Christ jusqu'en l'an 180 et que ce rétablissement du collège de Silvain a été fait sous cet empereur. C'est une règle infaillible et autorisée par un grand nombre d'exemples, que les affranchis des Augustes portaient le nom de l'empereur régnant. Le second curateur appelé Magnus est surnommé Cryptarius. Cela paraît être un nom d'office dont je n'ai point encore trouvé d'exemples. Crypta se lit assez souvent dans les anciens auteurs. Collegium se prend là pour une société ou une confrérie qu'on appelait aussi sodalitas ou sodalitium. De ces collèges ou confréries il y en avait de sacrés, comme collegium fratrum Arvalium, le *collège des frères Arvales*, qui sacrifiaient pour la fertilité des champs. Le *collège de Silvain, à Rome*, était aussi du nombre des sacrés et était appelé le Grand Collège. Les corps de métiers avaient aussi leurs collèges et leurs assemblées qui s'y faisaient en certains temps.

« Ce collège de Silvain de Paris fut ainsi rétabli du temps de Marc-Aurèle, empereur. Il fallait donc qu'il eût été fondé longtemps auparavant et qu'il fût tombé en décadence, ce qui porta les curateurs à le remettre en son premier état. Ce fut apparemment peu de temps après que les Gaules furent réduites sous la puissance des Romains que ce collège de Silvain fut établi dans le bois de Vincennes, à l'imitation du Grand collège de Silvain de Rome ; car, comme nous l'avons dit, les principales villes des Gaules se conformaient à cette capitale du monde dans leurs établissements, leurs édifices, leurs temples, leurs collèges, et, si les précieux restes de l'antiquité n'étaient pas comme abîmés dans les grands décombres qui ont si fort haussé le terrain de Paris, nous y verrions bien des choses imitées de l'ancienne Rome.

« Les temples et autres lieux consacrés à Silvain étaient ordinairement dans les bois et dans les forêts. . . . .

« Ces collèges assistaient aussi à la pompe ou procession qui se faisait tous les ans, et où l'on portait les images des dieux et des empereurs. .

« Le lieu où s'assemblaient ceux qui composaient le collège de Silvain de Paris était apparemment le bois de Vincennes, où a été trouvé ce monument [1] . . . . »

Après le règne de Constantin, lorsque le christianisme se répandit, les édifices dédiés à des divinités païennes disparurent ou furent mal entretenus et, lorsque les Francs envahirent à leur tour la Gaule, ils s'emparèrent de ces temples devenus

---

[1] *Mémoires de littérature tirés des registres de l'Académie des Inscriptions et Belles-Lettres*, T. XIII. — Extrait p. 429, 22 juin 1734.

déserts ; Clovis, après la conquête de Paris, les considéra comme biens du domaine de la couronne.

Le culte du dieu Silvain dut alors cesser dans la forêt, surtout lorsque nos premiers rois eurent choisi cet endroit comme rendez-vous de chasse, puis comme résidence. Ce fut alors que le nom de Silvanus devint probablement Vilcena par une interversion de lettre assez fréquente ; c'est, en effet, sous ce nom que le bois environnant est mentionné en 847 dans un titre de l'abbaye de Saint-Maur-des-Fossés comme faisant partie de la terre ou paroisse de Fontenay. Une bulle du pape Benoît VII donnée en l'an 980 nomme le bois *Vilcenna*. Un acte de Henri 1er, en 1037, permet aux religieux de prendre pour leur cuisine du bois dans la forêt de *Vilcena*. Philippe 1er, en 1075, accorde à l'abbaye de Saint-Magloire deux charges d'âne de bois à prendre annuellement dans la forêt *quæ dicitur Vilcena*. Philippe-Auguste, en 1190, fait un arrangement avec les moines de Saint-Martin pour le bois qu'ils auront droit de prendre *in nemore nostro de Vilcena*.

Ce nom s'appliqua plus tard au manoir que Louis VII fit construire dans le voisinage ; il se transforma peu à peu, devint successivement Vicena, Vicenae, Vincene et enfin Vincennes.

L'exactitude de cette solution paraît assez probable ; on pourrait dire cependant, comme le faisait le chevalier de Cailly à propos d'une étymologie douteuse :

> *Alfana* vient d'*equus*, sans doute
> Mais il faut avouer aussi
> Qu'en venant de là jusqu'ici
> Il a bien changé sur la route.

Quelle que soit, du reste, l'origine de sa dénomination, il est certain que, dès le IXe siècle, le bois fut connu sous le nom de *Vilcena*, longtemps avant que nos rois y vinssent établir une sorte de manoir qui a pris dans l'histoire le nom de *domaine de Beauté*.

Cette résidence était située dans une charmante position d'où l'on domine la belle vallée de la Marne. Son emplacement est encore appelé aujourd'hui *le fond* ou *le val de Beauté* et se trouve au pied de Nogent-sur-Marne, à deux ou trois kilomètres à l'Est du château de Vincennes. Ce domaine ne fut pas, à proprement parler, une résidence royale ; il ne servit jamais que comme rendez-vous de chasse. Bertrade, femme du comte d'Anjou, l'habita sous Philippe 1er ainsi qu'Agnès Sorel sous Charles VII. Les derniers vestiges de la clôture du parc de Beauté tombèrent sous la pioche en 1731.

Sous Louis VII, dit le Jeune, un autre parc fut

établi entourant le château commencé par ce roi et terminé sous son successeur, Philippe-Auguste.

C'est cette résidence que beaucoup de chroniqueurs ont confondue avec le domaine de Beauté. Elle était située à peu près à l'emplacement dn château actuel et, par conséquent, à quelque distance du premier parc. Entre les murs les plus rapprochés de ces deux propriétés s'étendaient de vastes terrains où fut établie l'abbaye de Grammont qui devint plus tard un couvent de *Minimes*. Louis VII fit construire, pour y loger un garde, la tourelle que l'on voit encore à Saint-Mandé sur la route de Paris au coin de la place à laquelle elle donne son nom.

Par ses dimensions et son architecture, cette construction n'est pas très intéressante ; c'est un bâtiment d'une bien minime importance qui n'est précieux aux yeux de l'archéologue et de l'historien que par son antiquité et par les événements dont il a dû être témoin depuis les huit siècles qu'il est placé, tel qu'une vedette, sur la route de la capitale.

A quels sombres drames ont été mêlés quelques-uns des gardes qui l'habitèrent ? Quels cortèges différents ont dû défiler devant lui pendant une si longue période de temps ! Funérailles pompeuses, brillants retours de chasse, cortèges royaux, parades militaires, allées et venues des rois, des princes ou des seigneurs qui séjournèrent au château de Vincennes: tous ces souvenirs sont évoqués par l'imagination lorsqu'on réfléchit devant la modeste tourelle de Saint-Mandé.

Le nouveau parc n'était guère clos que du côté de Paris et les religieux de Saint-Maur-des-Fossés le mettaient souvent à contribution pour leurs fournitures de combustible. Louis VII leur acheta ce droit et fit clore une partie du bois qui ne contenait alors qu'environ cinquante arpents; puis, comme il était pieux et particulièrement pénétré de vénération pour l'ordre de Grammont dont les religieux étaient connus à cette époque sous le nom d'*Hermites Grandmontains* ou *Bonshommes*, il forma le projet de les établir dans le bois sur les restes de l'ancien collège romain.

Cet ordre de Grammont ou de Grandmont avait été fondé en 1076 par saint Etienne de Muret sur la montagne de Muret, près de Limoges; après sa mort, l'association alla s'établir au *désert* de Grandmont situé également dans le Limousin. Les membres de cet ordre portaient une robe de bure noire et un scapulaire avec un capuce pointu de même étoffe et de même couleur.

Louis VII demanda au général de l'ordre un certain nombre de ces religieux; celui-ci les envoya dans la même année. Le roi les reçut avec beaucoup d'égards, les logea chez lui et fit travailler sans relâche à leur habitation. Il voulut, de plus, pourvoir à leur dotation : il leur donna, par une charte avec leur couvent, le bois, le fonds de terre pour en jouir à perpétuité et leur assigna une rente annuelle de deux muids et demi de froment sur la grange de Gonesse.

Plus tard, ces religieux reçurent une nouvelle rente d'un muid de froment à prendre sur la ferme royale de Villeneuve-Saint-Georges, qui dépendait de la paroisse de Saint-Germain-des-Prés.

De ce jour, la prospérité des Bonshommes alla croissant. M. Grandvaux, dans sa très intéressante étude sur *les Minimes du bois de Vincennes*, nous donne l'énumération des dons et legs qui leur sont faits : dès 1178, Thibaud-le-Riche leur donne une pièce de terre située à Fontenay, dans laquelle est une source qui pourra être conduite au monastère ; déjà, le 22 juin 1177, Hugues Aubriot, garde de la Prévôté de Paris, leur avait concédé la fontaine Emery, située également à Fontenay-sous-Bois.

Le 10 janvier 1208, dame Pétronille de Brie donnait à perpétuité aux *Bonshommes* le droit de prendre, en échange de messes, un muid de vin sur deux arpents de vigne sis aux *Pressoirs*, à réclamer chaque année au temps des vendanges. Les héritiers de la défunte essayèrent bien de se refuser à l'exécution de ce legs, mais en 1251, une sentence les condamna à payer cette rente et les arrérages échus depuis dix ans.

En 1212, Robert-des-Forets et Alix, sa femme, cédèrent aux religieux la troisième partie qui leur appartenait sur les dîmes, tant vin que blé, sur le territoire de Montreuil, et un bien pour y construire une grange destinée à recevoir les dites dîmes et tous les fourrages provenant de ces dîmes.

Logés et dotés d'une façon aussi large, ils restérent ainsi dans le bois, menant une existence pleine d'une douce quiétude jusque sous Henri III qui les remplaça par des *Minimes,* dont nous parlerons plus loin et qui occupèrent le couvent jusqu'à l'époque de la Révolution.

CHAPITRE II

Vincennes, résidence royale. — L'enceinte de Philippe-Auguste. — Saint Louis à Vincennes. — Les successeurs de saint Louis. — Enguerrand de Marigny.

Pendant tout le moyen-âge, les rois de France, habitués par leurs guerres continuelles à d'incessants déplacements, se plaisent à changer souvent de résidence. De Clovis à Louis XI, on peut compter plus de deux cents manoirs dans lesquels nos monarques viennent séjourner pendant des temps plus ou moins longs.

Aux XIe et XIIe siècles, le château de Melun, sombre forteresse, bâtie au bord de l'île, est leur demeure préférée. Robert et Philippe Ier y meurent. Philippe Auguste y naît. Robert se retire souvent dans son château de Poissy. Louis VI et Louis VII habitent surtout Pontoise. Mais Vincennes ne va pas tarder à devenir leur résidence de prédilection ; sa proximité de Paris, son épaisse forêt ayant pour eux des charmes sans pareils, surtout lorsque Philippe Auguste, continuant l'œuvre de Louis VII, finit d'entourer le bois de murs ininterrompus et y renferme, comme un précieux gibier, des cerfs, des daims et des chevreuils que Henri II, roi d'Angleterre, avait fait prendre dans ses domaines de Normandie et d'Aquitaine pour les offrir au roi de France [1]. La même année (1183), il établit en dehors de son parc, entre la tourelle de Louis VII et Bel-Air, une ménagerie pour y loger toutes sortes de bêtes fauves. C'est cette ménagerie qui fut, plus tard, transférée par Louis XIV entre Versailles et Saint-Cyr et qui constitua ensuite la ménagerie annexée au Jardin des Plantes de Paris.

Philippe Auguste termina également le castel commencé par Louis VII et lui donna toutes les apparences d'un véritable château royal. C'est un des premiers qui aient existé en France.

Il ne reste aujourd'hui aucune trace de ce premier château et l'on ne sait rien de certain ni sur son emplacement, ni sur son aspect. Pourtant, il est probable qu'il était situé à peu près au même endroit que le château actuel, car, depuis 1874, des fouilles faites dans l'intérieur du fort pour établir

---

[1] « Philippe Auguste fit clorre le parc du bois de Vincennes de hautes murailles et y mit la sauvagine que le roy d'Angle- lui envoya. » Corrozet, *Antiquités de Paris*, p. 67.

des conduites de gaz ou construire des égouts ont mis à nu momentanément des substructions importantes ; le chef d'escadron Pierre, alors attaché à la Direction d'Artillerie, a même découvert une base de colonne du XIIIe siècle, parfaitement assise sur son piédestal. Quant à l'aspect du monument, construit un siècle avant l'ère de l'ogive, il est probable qu'il était du style romain tertiaire qui régnait à cette époque.

Philippe-Auguste affectionnait beaucoup cette résidence et, lorsqu'il projeta d'entreprendre son voyage en Terre-Sainte, il y fit son testament en 1190.

Louis VIII et saint Louis habitèrent aussi très fréquemment ce château qui continua d'être résidence royale sous Philippe III, Philippe IV, Louis X et Charles IV. Nous allons d'ailleurs raconter brièvement les principaux faits qui s'y sont passés sous le règne de chacun de ces princes. Le petit-fils de Philippe-Auguste, Louis IX, visita souvent et habita le château. Bien souvent, au sortir de son sommeil, après-midi, il se rendait à *Vincennes* et y soupait ; au cours de ses promenades dans la forêt, il aimait à s'asseoir sous un chêne, vêtu d'une calotte de camelot, d'un surcot de tiretaine sans manches et d'un manteau de taffetas noir, entouré de ses conseillers René de Fontaines et Geoffroy de Villette, écoutant avec eux les gens du peuple qui se présentaient pour demander justice.

« Maintes fois, dit le sire de Joinville dans ses *Mémoires*, advint qu'en été il alloit seoir au bois de Vincennes après sa messe et s'accostoyoit à un chêne et nous faisoit seoir entour li, et tous ceux qui avoient affaire venoient parler à li sans tourbier (empêchement) d'huissier ne d'aultres. »

Existait-il un chêne particulier sous lequel venait régulièrement s'asseoir le monarque entouré de sa cour? Il est probable que non, et le chêne dont parle Sauval dans ses *Recherches sur les antiquités de Paris*, n'était peut-être qu'un des chênes qui avaient abrité la justice du bon roi, si cependant cet arbre vénérable remontait à cette époque. Beaucoup de personnes croient que la pyramide située dans le polygone, près de la Cartoucherie, marque l'emplacement du chêne historique. C'est une erreur : cette pyramide, dont nous parlerons plus loin, a été élevée sous Louis XV pour rappeler la replantation du bois en 1731, comme en témoigne l'inscription qui y est gravée.

Plusieurs événements importants ont eu Vincennes pour théâtre à cette époque. En 1239, saint Louis, ayant fait racheter par Beaudoin de Courtenai, empereur de Constantinople, la couronne de Jésus-Christ engagée aux Vénitiens, partit du château avec sa mère, ses frères et un nombreux cortège pour aller au devant ; il la rencontra à Villeneuve-l'Archevêque, entre Troyes et Sens. Le roi porta lui-même la relique alternativement avec les princes et les grands du royaume. Au bout de huit jours, on arriva dans l'avenue de Vincennes, près de l'abbaye Saint-Antoine où, on la déposa provisoirement. Une épine fut détachée de la relique et donnée au trésor de la chapelle. Le soir, le roi se retira au château d'où il envoya ordonner à tous les chapitres, curés et moines de Paris de venir avec leurs reliques au-devant de la couronne. Le jour désigné, saint Louis quitta Vincennes et se rendit à l'abbaye Saint-Antoine, déposa ses habits royaux et, vêtu d'une simple tunique, les pieds nus, il se chargea de nouveau avec son frère du brancard et parcourut ainsi une grande partie de la capitale. Il déposa, plus tard, la relique dans la Sainte-Chapelle qu'il fit construire à Paris.

Le 24 avril 1254, saint Louis, de retour de Terre-Sainte, arriva à Vincennes où il passa trois années et rendit plusieurs ordonnances. De 1242 à 1250, il avait fait construire une Sainte-Chapelle à côté du vieux château ; ce fut cette construction qui servit de modèle à celle que l'on bâtit dans la suite et dont nous parlerons plus loin. Cette chapelle devint la cure du château ; mais, cependant, saint Louis conserva le petit oratoire existant auparavant

Affaire du 28 Février, 1791 (*Gravure de l'époque*)

et dédié à saint Martin. Un chapelain particulier fut même attaché à l'oratoire royal de Saint-Martin par une charte publiée en 1248 et signée de Baigneux avec le sceau du roi. Ce chapelain reçut le droit d'être en même temps curé et recteur de la Sainte-Chapelle.

Le fils de saint Louis, Philippe le Hardi se plut aussi à Vincennes et l'habita longtemps ; il y rendit plusieurs ordonnances. Etant veuf d'Isabelle d'Aragon, il y épousa, en 1274, Marie, sœur de Jean, duc de Brabant. L'année suivante, il fit sacrer sa femme à Paris et partit ensuite pour Vincennes, où il y eut des réjouissances qui durèrent trois jours et où plusieurs grandes chasses furent données. Quelques années après, étant à Melun, ce prince perdit son fils aîné qu'on crut mort empoisonné ; il consulta les devins qui se déclarèrent impuissants à lui apprendre la vérité. Il vint alors à Vincennes où un moine lui présenta des lettres qu'il prétendit avoir reçues d'un courrier qui passait. Le roi assembla aussitôt son conseil, mais on garda le plus profond silence sur le contenu des missives, parce que la reine, sa seconde femme, y était accusée d'avoir fait périr le prince fils du premier lit. Philippe fit arrêter à Vincennes Pierre de la Brosse, son favori, accusateur de la reine ; celui-ci demanda a être entendu ; on lui répondit en le jetant en prison. On lui fit son procès et il fut pendu au gibet de Paris, en présence des ducs de Bourgogne et de Brabant et du comte d'Artois qui demanda à assister à l'exécution.

Voilà la justice qui avait succédé, à Vincennes, à celle de saint Louis.

Philippe passa ensuite quelques années à Vincennes, ainsi que son successeur, Philippe IV le Bel qui publia, en 1290, une ordonnance sur l'état de sa maison. Dans cette ordonnance, il attribuait au chancelier de France vingt sols par jour pour sa dépense à lui et aux siens, lorsque le roi était à Paris et six sols seulement lorsqu'il était à Vincennes.

Louis X, dit le Hutin, fixa aussi sa résidence à Vincennes et y tint sa cour ; mais sous son règne, il y eut une réaction générale contre le despotisme de la royauté qui augmentait sans cesse les impôts et altérait les monnaies. Le roi, sur les conseils de Charles de Valois et pour apaiser la colère du peuple qui devenait de plus en plus violente, accusa son surintendant des finances, Enguerrand de Marigny, de dilapidations. Celui-ci appartenait à une famille normande ; sa faveur datait de la bataille de Courtrai (1302), où fut tué le chancelier Pierre Flote, qui avait été jusqu'alors le principal conseiller et auxiliaire de Philippe le Bel. Grâce à ses talents d'administrateur financier, à sa parole claire et convaincante, Marigny n'avait pas tardé à prendre une place prépondérante dans le gouvernement et à exercer une influence excessive sur l'esprit du roi. Il avait le goût des bâtiments et c'est par le luxe des fastueuses constructions qu'il fit élever, qu'il s'aliéna l'amitié du peuple.

La réaction féodale qui marqua le règne de Louis X entraîna sa chute. Il fut accusé de maléfices et de trahison, traîné au château de Vincennes où une réunion de barons et de prélats le condamna à être pendu. Il fut exécuté, en 1315, au gibet de Montfaucon que, contrairement à la légende répandue, il n'avait pas fait construire.

Quant au roi, bien qu'à peine âgé de vingt-sept ans, il mourut peu après au château. « Comme suivant ses goûts de jeunesse, raconte le chanoine de Saint-Victor, il s'était fort échauffé au jeu de la paume dans un préau de ce château royal, il descendit en une cave glaciale, et s'abandonnant indiscrètement à l'appétit de ses sens, il se mit à boire, sans mesure, du vin très frais. Le froid pénétra ses entrailles, et il fut porté au lit, où il ne tarda pas à succomber. »

D'après les termes de son testament, sa veuve devait, en outre d'un douaire de vingt-cinq mille livres, avoir la libre jouissance du château, mais son successeur, Philippe le Long, voulant conserver ce domaine à la couronne, entama avec sa belle-sœur des pourparlers qui aboutirent, en 1317, à une transaction par laquelle la reine échangeait ce bien contre la maison du Temple et celle de Nesles à Paris.

Philippe V ne profita que pendant bien peu de temps de son acquisition car, étant tombé malade à Vincennes le jour de Noël 1327, il mourut le 31 janvier 1328 sans laisser d'héritier mâle.

CHAPITRE III

Philippe de Valois fait commencer le nouveau château. — Construction du donjon. — Description du château sous Charles V.

Au xive siècle, l'introduction de l'artillerie dans le siège des places créa de nouvelles nécessités de défense et obligea les architectes à modifier l'ordonnance des châteaux-forts. Le vieux manoir de Philippe Auguste, qui, d'ailleurs, tombait de vétusté, ne pouvait plus être d'aucune utilité au point de vue militaire.

En 1333, Philippe VI de Valois fit commencer un château mieux aménagé pour résister aux nouvelles armes. Il fit construire le donjon jusqu'au niveau de la terre ainsi que neuf tours reliées entre elles par des murailles formant une vaste enceinte rectangulaire au milieu de laquelle se trouva enfermé le château primitif. La chapelle, construite par saint Louis, resta debout et servit de modèle pour le style à donner au nouveau château ; c'est ce qui explique pourquoi le donjon et les tours de la grande enceinte fortifiée, quoique construits au xiv° siècle, ont revêtu, aussi bien à l'intérieur qu'à l'extérieur, le style gothique du xiii° siècle.

Les travaux furent suspendus à cause de la guerre que soutint Philippe de Valois entre Edouard III, roi d'Angleterre, et repris vingt-quatre ans plus tard par son fils Jean, qui fit élever le donjon jusqu'au sommet du troisième étage. Mais le roi Jean, prisonnier à Poitiers, fut emmené en captivité à Londres, et les travaux restèrent de nouveau en suspens. Son fils Charles, nommé régent, les fit reprendre en 1361 et fit achever le donjon en 1365, lorsqu'il fut devenu roi à son tour sous le nom de Charles V. A partir de cette époque, il fit du château son habitation ordinaire ; il y était né le 21 janvier 1337 et, pendant la captivité de son père, Paris ayant refusé de le recevoir, il s'était vu obligé de s'emparer de la forteresse et y avait campé avec 30.000 hommes. Devenu roi, il en donna le commandement, avec 1.380 livres d'appointements, à Nicolas de Braque, vieux chevalier qui avait bien servi l'Etat, mais avec la charge d'entretenir six hommes d'armes et six arbalétriers. Ce fut le premier gouverneur du château.

En 1373, le roi fit creuser les fossés, commencer les remparts et aménager le donjon.

Un compte de 1362 nous indique le salaire des

ouvriers employés à sa construction : les maîtres tailleurs de pierres avaient quatre sols par jour, le maçons trois, les compagnons deux et les valets ou manœuvres avaient huit deniers. Il y avait quatre-vingts tailleurs de pierre, deux cents maçons et deux cents compagnons et manœuvres. Trois cents voitures étaient employées à charger les pierres des carrières de Charenton et de Gentilly. En 1364, sous Charles V, les prix des ouvriers furent élevés : les tailleurs de pierre avaient quatre sols et six deniers ; comme on couvrait alors l'édifice, on trouva dans le même compte la paye des charpentiers : les chefs avaient neuf sols par jour, et les compagnons en avaient huit. C'est ainsi qu'une inscription gravée sur une pierre de marbre noir, en lettres gothiques, à l'entrée du donjon, racontait en vers l'histoire de l'édifice.

> Qui bien considère cette œuvre
> Si comme se monstre et descœuvre,
> Il peut dire que oncques tour
> Ne vit avoir plus noble atour.
> La tour du bois de Vincennes
> Sur tours neufves et anciennes
> A le prix. Or scavés en cela
> Qui la parfist et commença.
> Premièrement, Philippe roys [1],
> Fils de Charles, comte de Valois
> Qui de grand'prouesse habonda

[1] Philippe VI, de Valois.

> Jusques sur terre la fonda
> Pour s'en soulacier et esbattre,
> L'an mil trois cent trente-trois et quatre
> Après vingt et quatre ans passés
> Et qu'il était jà trépassez,
> Le roi Jean [1], son fils, cet ouvrage
> Fist lever jusqu'au tiers estage,
> Dedans trois ans par mort cessa :
> Mais Charles roy [2] son fils lessa
> Qui parfist en brèfves saisons
> Tours, pont, braies, fossez, maisons.
> Nez fust en ce lieu délitable.
> Pour ce, l'avait pour agréable.

Ces vers sont, dit-on, de la composition de Philippe Ogier, secrétaire du chambellan de Charles V : ils indiquent, comme on le voit, que le donjon fut commencé en 1337, que, vingt-quatre ans après, le roi Jean le fit élever au troisième étage et que Charles V le fit achever.

Cette plaque commémorative, qui avait été apposée en 1365, a disparu vers 1844, à l'époque où les fossés du donjon furent comblés du côté intérieur de la place et où des casemates furent construites entre les pavillons du Roi et de la Reine.

Outre le donjon, le château était composé de huit tours dans lesquelles logeaient les princes de la maison royale et les gens de la cour. Au nord,

---

[1] Jean II, dit le Bon.
[2] Charles V, dit le Sage.

se trouvait la *tour principale* ou *porte du village*, qui était surmontée d'un toit en pointe ; elle servait d'entrée au château du côté du bourg et fut réparée en 1859. C'est la seule qui soit entièrement existante ; à l'ouest de celle-ci était la *tour de Paris* ; à l'est, du côté du bois, était la *tour du Diable*, qu'on a appelée aussi *tour de Calvin*, à cause de plusieurs de ses disciples qui y furent enfermés plus tard ; la *tour du Gouvernement*, dite encore *du Gouverneur*, ayant porte et pont-levis, et la *tour des Salves*, appelée aussi *petite tour* ou *tour de la Surintendance*. Sur la façade sud du château se trouvaient : la *tour de la Reine*, à l'angle sud-est, et la *tour du Roi* à l'angle sud-ouest. Entre les deux, était une tour qui fut abattue en 1660 et remplacée par une porte en arc-de-triomphe exécutée par Le Vau.

Transportons-nous, par la pensée, à l'époque où venait d'être construit le château-fort et visitons-le dans tous ses détails, dans l'état même où il était dans les premières années de son existence.

Nous pénétrons dans le vaste quadrilatère que forme le château par la porte monumentale située au nord de la forteresse. Cette tour, haute de 34 m. 50 jusqu'à la plate-forme, est surmontée d'un toit en pointe. Après avoir franchi le pont-levis, nous passons sous une porte ornée comme un portail d'église et sensiblement dans le style de la chapelle. Nous remarquons le même style en passant sous la voûte et si, à l'intérieur de la cour, nous montons, à droite ou à gauche, par un des deux escaliers en spirale qui conduisent au sommet de la tour, nous trouvons à chaque étage des appartements voûtés en ogive et ornés de sculptures gothiques. Sur la plate-forme de la tour, sous un abri à claire-voie, est suspendue une cloche qui porte, avec les armes de Charles V, la date de L'AN + DE + GRACE + MIL + CCC + LXIX.

Pénétrant dans la vaste cour du château, nous avons, à notre droite, la *tour de Paris* et à notre gauche la *tour du Diable*, formant, avec les *tours du Roi* et *de la Reine*, les angles du quadrilatère. Ces quatre tours sont surmontées d'une guérite de vigie; elles mesurent, de leur base au fond des fossés jusqu'à leur sommet crénelé, 42 mètres dont 12 de bas étage plongeant dans les fossés, et 30 mètres du sol de la place au sommet. Un escalier spiral conduit à la plate-forme de chacune d'elles et des logements de style gothique sont ménagés à chaque étage comme dans la tour principale. Toutes ces tours ont été depuis rasées au niveau des remparts.

La *tour du Diable* renferme deux puits jumeaux mis en communication entre eux par un canal établi en sous-sol ; cette disposition permettait d'obtenir une plus grande solidité tout en donnant la même quantité d'eau qu'un seul puits réunissant les dimensions des deux. A l'intérieur du château se trouvent quatre autres puits : celui qui existait dans l'ancien château de Philippe-Auguste, un autre un peu en avant de la barbacane du donjon, et enfin deux autres, creusés dans l'enceinte même du donjon. De cette sorte, l'eau ne pouvait manquer au château de Vincennes, même dans le cas d'un siège où l'ennemi aurait intercepté le cours du rû qui descendait des hauteurs de Montreuil.

C'est la *tour de Paris*, située au nord-ouest, qui renferme le réservoir de ces eaux provenant des côteaux de Montreuil et de Fontenay.

Par une charte du roi Jean, datée de 1360, les habitants des environs sont exemptés de toutes tailles ou impôts, droits de péage ou de corvées, à la charge d'entretenir les conduits, tuyaux et regards par où passaient ces eaux et de fournir les hommes nécessaires pour la garde et la sûreté de la place.

Toutes ces tours sont réunies par des murs fort élevés et garnis de meurtrières et de créneaux. Ces murs sont séparés de l'extérieur par un fossé faisant tout le tour de la forteresse et mesurant 26 mètres de largeur sur 12 environ de profondeur ; le parapet est garni d'un rebord saillant qui ne permet pas de se glisser contre les murs de contrescarpe pour descendre dans les fossés ou pour en sortir. Les fossés ne sont pas destinés à être inondés en tout temps, à cause de la trop grande quantité d'eau qui serait nécessaire et à cause aussi du danger qui serait causé par l'insalubrité provenant de la stagnation des eaux. Mais, en cas de besoin, ils peuvent être recouverts d'une nappe d'eau de 2 mètres de profondeur.

Laissant à notre gauche les restes du vieux château à demi ruiné et la Sainte-Chapelle de saint Louis, commençant également à s'effriter, nous sommes dominés à notre droite par la masse imposante du donjon élevé de 52 mètres et entouré d'un fossé de 13 mètres de profondeur sur 7 de largeur et garni de pierres de taille ; le haut de ce fossé est surmonté d'une galerie couverte, bordée de meurtrières ; les quatre angles sont flanqués d'une tourelle faisant saillie sur le fossé. Cette galerie forme au pied du donjon une cour fermée dans laquelle se trouve une petite chapelle de style gothique : c'est l'oratoire royal du donjon ; il est consacré au saint sépulcre de Jérusalem. Nous pénétrons dans l'édifice en traversant la barbacane située du côté de l'est et, arrivés au pont-levis baissé sur le fossé, nous voyons devant nous le fortin qui défend l'accès du donjon. C'est une redoute d'environ 22 mètres de hauteur sur 18 de largeur.

Entre les deux tours du milieu, la façade ornée de dauphins et de fleurs de lys n'a que la largeur nécessaire au fonctionnement du pont-levis. Derrière celui-ci est la herse qui, levée ou baissée, permet ou intercepte l'entrée de la cour intérieure. Là, nous sommes devant la grande masse carrée du donjon, mesurant 20 mètres de côté à l'extérieur ; ses murs ont 3 mètres d'épaisseur et à chaque coin du bâtiment, une grosse tour fait saillie. Celle du nord-ouest est doublée jusqu'au quatrième étage, d'un appendice rectangulaire et proéminent vers le nord. Le donjon a cinq étages. Chacun de ces cinq étages est formé par une grande salle gothique voûtée ; un seul pilier, placé au milieu, en soutient la voûte. Avec cette grande salle, communiquent les chambres octogonales correspondant aux tourelles.

La salle du rez-de-chaussée est occupée par les cuisines, les services domestiques et un puits large et profond, creusé près de la tour du sud-ouest.

Le premier étage est occupé par les logements du roi ; dans la grande salle centrale, les retombées de la voûte ogivale sont supportées par les quatre évangélistes figurés par leurs attributs : l'ange, l'aigle, le bœuf et le lion. Un oratoire est placé dans la tourelle nord-est. L'escalier du roi tourne en spirale dans la tourelle sud. Le second étage, où sont de belles cheminées gothiques, est habité par la reine ; les murs sont ornés de tapisseries et de tentures.

Un deuxième escalier, également en spirale, part du rez-de-chaussée et, dans l'intérieur même de la muraille, s'élève jusqu'au sommet, desservant tous les étages. Après avoir gravi ses deux cent quarante-deux marches, nous arrivons sur une terrasse cintrée dont la coupe des pierres est curieuse et d'où l'on jouit de la vue la plus charmante.

A l'un des angles de cette terrasse, s'élève une guérite de pierres d'une délicatesse surprenante.

En descendant de la plate-forme, jetons un coup d'œil sur les quatre gros remparts qui encadrent le donjon et sa cour d'une enceinte fortifiée indépendante de celle du château. Leur hauteur est de 15 mètres du côté intérieur, mais, du côté des fossés, ils ont une élévation de 30 mètres.

L'épaisseur de leurs murs est d'environ 4 mètres à la base pour devenir de 2 m. 70 au niveau des cours du donjon.

Leur sommet est surmonté d'une galerie voûtée en ogive, dont la base fait saillie en dehors par une bordure de machicoulis en encorbellement sur le fossé et, en dedans, par un cordon supporté par un fort entablement. Ces galeries sont reliées entre elles par quatre tourelles saillant au dehors, une à chaque angle. Les voûtes de ces tourelles sont formées de quatre ogives se réunissant à la clé et ornées d'écussons aux armes du roi.

Les murailles et les voûtes de ces galeries sont ornées intérieurement de peintures et de dorures : car, servant pour la défense en temps de guerre, elles sont utilisées en temps de paix comme promenoirs pour la famille royale.

Derrière chaque rempart est adossée une terrasse pour le service de l'artillerie.

Du côté ouest, une ouverture, percée dans la muraille de la terrasse, donne accès, au moyen d'un escalier et d'un pont-levis, dans le petit parc créé par Louis VII du côté de Paris.

A l'angle sud-ouest des fossés de la grande enceinte, à quelques mètres au-dessus du fond de ces fossés, se trouvait l'entrée d'un souterrain qui, passant sous le bois de Vincennes, allait, dit-on, aboutir à Charenton, dans le domaine de Séjour. On a, plus tard, retrouvé l'entrée de ce souterrain, mais on n'a pu découvrir ni sa trace, ni l'endroit où il aboutissait. Sa voûte, à l'entrée, est en forme d'ogive; un homme grand peut marcher droit sous la clef de voûte. A quelques pas de cette entrée, le souterrain est obstrué par les racines des arbres plantés au-dessus et à moins de trois cents mètres, on se trouve en présence d'un vieux mur qui intercepte le passage et qu'il faudrait percer pour voir ce qu'il y a ensuite.

Suivant l'abbé de Laval, ancien aumônier de la place de Vincennes, qui est l'auteur de ces recherches intéressantes et qui a écrit une *Esquisse historique du château de Vincennes,* que nous avons mise souvent à contribution pour la description qui précède, ce souterrain pourrait bien aller aboutir à la tourelle qui faisait l'angle nord-ouest du parc de Vincennes et dont nous avons parlé précédemment.

La maison royale de Vincennes, avec son donjon, ses hautes tours et ses puissants remparts, devait avoir grand air. Un bourgeois de Paris, Garnier Aumouton, barbier juré, nous en parle dans ses Mémoires : un jour, il va jusqu'au bois de Vincennes « lequel est enclos de moult haux murs, et est plus grand que la ville de Paris ; où il y a ung chastel à onze grosses tours haulx comme clochiers, où il y a une chanonie et logis pour le Roy, et, en ce bois, toutes manières de bestes sauvages. »

Viollet le Duc dit, en parlant du château : « Sa situation stratégique est des mieux entendues, puisque, encore aujourd'hui, elle est considérée comme très forte. Bâti en plaine, il n'y avait pas à profiter là de certaines dispositions particulières du terrain ; aussi, son enceinte est-elle parfaitement régulière, ainsi que le donjon et ses défenses. Toutes les tours sont barlongues ou carrées, mais hautes, épaisses et bien munies à leur sommet d'échauguettes saillantes flanquant les quatre faces et de machicoulis ; le donjon est également flanqué aux angles de quatre tourelles ; les distances entre les tours sont égales ; celles-ci sont fermées et peuvent se défendre séparément [1]..... »

« Il faut voir, dans le château de Vincennes, une grande place d'armes, une vaste enceinte fortifiée, plutôt qu'un château dans l'ancienne acception du mot ; les tours carrées qui flanquaient ses courtines appartiennent bien plus à la défense des villes et places fortes du XIVe siècle qu'à celle des châteaux. Il ne s'agissait pas seulement ici de se renfermer et de se défendre comme un seigneur au milieu de son domaine, mais encore, dans un cas pressant, de détacher une partie de la garnison sur un point de la ville en insurrection et, par conséquent, de ne pas se laisser bloquer par une troupe d'insurgés qui seraient barricadés devant l'unique porte. Cela explique pourquoi Vincennes avait une entrée au milieu de chacune de ses quatre faces, tandis que les châteaux de la même époque ne possédaient qu'une ou deux portes au plus, avec quelques poternes. »

Enfin, Michelet parle en ces termes de la vieille forteresse : « Il aurait fallu voir Vincennes, non

---

[1] Viollet le Duc, *Dictionnaire raisonné de l'Architecture.*

tel qu'il est aujourd'hui, à demi-rasé, mais comme il était quand ses quatre tours, par leurs ponts-levis, vomissaient aux quatre vents les escadrons panachés, blasonnés, des grandes armées féodales ; lorsque quatre rois, descendant en lice, joutaient par devant Philippe de Valois, lorsque cette noble scène s'encadrait dans la majesté d'une forêt, que les chênes séculaires s'élevaient jusqu'aux créneaux, que les cerfs bramaient la nuit au pied des tourelles, jusqu'à ce que le jour et le cor vinssent les chasser dans la profondeur des bois. »

Lorsque le château eut tout à fait pris l'air d'une forteresse, il fut décidé que les habitants de Montreuil et de Fontenay y feraient le guet ; ceux de Montreuil devaient fournir quatre hommes chaque soir et ceux de Fontenay, deux. Le roi avait ordonné qu'on leur fournirait de grands manteaux de gros drap rouge après lesquels le chaperon tenait, semblables à ceux que Du Guesclin faisait porter à ses hommes d'armes. Le portier du château avait la garde de ces manteaux et leur donnait le soir en rentrant. Le comte de Tancarville, capitaine du château, et Jean Sauvage, son lieutenant, eurent, dans le début, beaucoup de peine à faire exécuter ce règlement. Les paysans alléguèrent que Vincennes n'était qu'un lieu de plaisance et se prétendirent affranchis de toute servitude ; de plus, comme les terres des environs servaient aux chasses royales, ils se plaignirent que les lièvres faisaient beaucoup de dégât dans leurs vignes et dans leurs champs. Après des informations prises sur ces divers sujets de plaintes, on condamna les habitants de Montreuil à fournir deux hommes au guet et ceux de Fontenay à en fournir un ou à payer seize deniers par chaque défaut.

CHAPITRE IV

Vincennes sous les premiers Valois. — Philippe VI. — Charles V. — Origine du village de Vincennes. — Le château sous Charles VI et ses successeurs.

Les premiers Valois, tout aux chasses et aux tournois, ont besoin d'espace, de forêts et de plaines; aussi vont-ils souvent s'établir avec leur cour hors de Paris. Philippe VI va fréquemment à Bécoisel, à Crécy ou à Livry-en-Aunis. Jean le Bon séjourne parfois à la Fère-en-Tardenois et à Loches. Charles V construit Plaisance, Saint Germain-en-Laye au milieu de la forêt, Montargis élégant et spacieux derrière sa haie de tourelles mais Vincennes, avec son parc fermé d'un mur de deux lieues de circuit, présente encore plus d'attraits pour eux; ils trouvent là, aux abords mêmes de leur capitale, la solitude et la sûreté de leurs forteresses provinciales.

Philippe VI y donne de nombreuses fêtes et organise de grandes chasses auxquelles prennent part ses hôtes les rois de Bohême, de Navarre et de Majorque. Jean le Bon y vient séjourner lorsque les péripéties de sa lutte contre l'Angleterre le lui permettent. Pendant sa captivité à Londres, son fils, régent du royaume, écrit à son chambellan, Adam de Melun, et à son secrétaire Philippe Ogier[1] pour leur signaler les déprédations commises dans le bois par de nombreuses personnes laissées sans asile par la guerre et auxquelles on avait permis de venir s'y approvisionner de combustible. Il ordonne de défendre à l'avenir l'accès de la forêt à moins d'une permission expresse et postérieure à sa lettre.

Devenu roi sous le nom de Charles V, ce prince, qui était né à Vincennes en 1337, se plut beaucoup dans le nouveau château qu'il fit d'ailleurs achever ; il y rendit un grand nombre d'ordonnances dont la plus célèbre est celle du mois d'août 1374, qui règle la régence et la tutelle des rois mineurs et fixe à quatorze ans la majorité des rois de France.

En 1378, il eut au château (certains historiens disent que ce fut au domaine de Beauté) une entrevue avec son oncle Charles IV, empereur d'Allemagne, accompagné de son fils Wenceslas qui venait d'être élu roi des Romains. Le père

---

[1] Lebœuf, *Histoire du Diocèse de Paris*.

venait d'accomplir un pèlerinage à Saint-Maur-les-Fossés « mais, combien qu'il eût sa dévotion, il venait aussi pour voir le roi, la reine et leurs enfants et pour leur présenter son fils. » On lui fit beaucoup d'honneurs ; il y eut des harangues, des festins, on lui fit faire une entrée solennelle à Paris ; cependant on eut soin qu'il ne fît point son entrée à Paris sur un cheval blanc car cet honneur n'appartenait qu'au roi et l'on craignait que l'empereur ne s'en prévalût.

A la mort de Grégoire XI, deux papes ayant été nommés par suite de mésintelligences dans le Sacré Collège, Charles V fit tenir au château de Vincennes une sorte de concile, composé d'archevêques, d'évêques, d'abbés et de docteurs en théologie et en droit, pour déterminer quel était le pape que l'on devait regarder comme légitime ; il fut décidé que ce serait Clément VII.

Pendant les années 1373, 1374 et 1375, le roi avait acheté beaucoup de terres aux environs du bois pour agrandir la garenne du château et, en 1379, il fit commencer les fondements de la Sainte-Chapelle actuelle qu'il dédia à la Sainte Trinité et à la Sainte Vierge, mais il mourut presque aussitôt et cet ouvrage ne fut complètement achevé que deux siècles plus tard.

L'inventaire dressé au lendemain de la mort du roi nous apprend que des richesses invraisemblables étaient amassées dans les divers oratoires du roi, dans celui de la chapelle, dans l'oratoire d'en haut, dans l'oratoire de la grande tour ainsi que dans l'estude du roi [1]. Reliquaires affectant toutes les formes, saintes images, statuettes sacrées, encensoirs, tableaux, votifs, chandeliers, croix en or rehaussé de pierres fines, de grenats, d'émeraudes, de rubis, de saphirs mêlés d'intailles et de camées. On reste stupéfait devant cette profusion de groupes en or et argent émaillés, représentant des Annonciations, des Crucifiements où « l'adoration des *trois rois de Coulogne* », qui alternent avec des vases aux formes les plus inattendues, avec des chandeliers en manière de « lyon » ou de « chamel », avec des coffrets ciselés, pleins de « pommes d'ambre », de ceintures dorées, de patenostre, de colliers, de miroirs, de chapelets du plus grand prix. Puis l'inventaire nous décèle les étoffes précieuses, etc.

Charles V, dans les dernières années de son règne, possédait, grâce à une sage économie, une épargne considérable déposée au château de Vincennes ; lui-même en fixait le chiffre à la somme de 200.000 francs, qui représenteraient aujourd'hui un capital énorme [2].

---

[1] Charles Laharte, *Inventaire du mobilier de Charles V.*
[2] Charles Laharte.

Dans sa *Vie de Charles V*, Christine de Pisan nous apprend que ce prince avait eu l'intention de faire de Vincennes une ville fermée, c'est-à-dire un bourg enclos de murailles.

Après avoir mentionné l'achèvement du châtel du bois de Vincennes « qui moult est notable et bel, » l'historien ajoute : « et avoit l'intention d'y faire une ville fermée, et là avoit establi en beaux manoirs la demeure de plusieurs seigneurs, chevaliers et austres ses mieux amez, et à chacun y asseureroit rente à vie selon leur personne. Celluy lieu voult le roy qu'il fust franc de toutes servitudes n'i aucune charge par le temps à venir ni redevance demandée. »

D'ailleurs, depuis quelques années, il s'était formé une agglomération de maisons du côté de la façade nord du château et, en 1384, Charles VI, ayant fait construire à cet endroit de nouveaux bâtiments, il se forma devant la tour principale une grande place carrée que l'on appelle la basse-cour, *curia inferior*.

Un peu plus au nord et, de même que la basse-cour, sur le territoire de Montreuil, se trouvait le hameau de la Pissotte, dont on entend parler pour la première fois sous le règne du roi Jean, dans une charte datée du mois de mai 1360 et que nous avons déjà citée à propos des eaux du château ; par cette charte, les habitants du hameau sont exemptés de toutes prises, c'est-à-dire des droits de gîte et de nourriture qu'ils devaient à la cour quand elle venait au château ; en revanche, ils étaient chargés d'entretenir les fontaines et ruisseaux qui traversaient le bois pour se rendre dans le parc formé à côté du château.

Par une autre charte de 1364, ces mêmes habitants furent, de plus, exemptés de toutes tailles ou impôts; dans cet acte, il est fait mention des eaux de Bagnolet et de Montreuil qui se rendaient à Vincennes par un canal creusé dans la terre argileuse et que les habitants appelaient le *ru orgueilleux*.

Quant à ce nom de la Pissotte donné au village, il vient probablement du bas latin *pista*, chaumière, qui désignait peut-être la réunion de plusieurs habitations de cultivateurs ou du nom de quelque ruisseau descendant des collines voisines.

Charles VI n'habita que rarement le château mais, en 1417, la reine Isabeau de Bavière, son épouse, s'y retira suivie d'une cour nombreuse. C'est là qu'elle se livrait à son inclination galante ; elle aimait alors Louis Bourdon, beau chevalier qui s'était distingué à la bataille d'Azincourt. Un jour qu'il allait à Vincennes, selon son habitude, il rencontra le roi, le salua mais sans descendre de cheval et continuant au contraire de pousser sa monture au grand galop. Ses amours avec la reine étaient publiques, mais cette audace augmenta la colère du roi qui ordonna au prévôt de Paris de se saisir de l'insolent qui fut conduit au Châtelet, questionné, mis à mort et jeté en Seine dans un sac de cuir.

Plus tard, sous cette même Isabeau de Bavière, les Anglais s'emparèrent du château et l'occupèrent jusqu'en 1432 où Jacques de Chabannes l'enleva d'assaut, comme le raconte une ancienne chronique : « *Au dit temps des discussions entre le roy de France et le roy d'Angleterre, messire Jacques de Chabannes réduisit et mit en l'obéissance du roy la ville et le chasteau de Corbeille et le chasteau du bois de Vincennes, lequel il print pour échielles à l'aide d'ung François regnié qui s'étoit rendu Anglois; il avait nom Ferrières et fust icelui chasteau échiellé par le donjon, et ledit donjon print et il y eut gros débat entre les François et les Anglois, dont ledit messire Jacques demeura maistre.. Et depuis icelle prinse du bois de Vincennes fut donné ledit chasteau par le roi Charles audit messire Jacques, rachetable de vingt mille écus, lesquels furent payés dix ans après ou environ.* » En 1434, les Anglais reprirent le château et le rendirent ensuite au roi.

Ce fut au moment de la première occupation du château que Henri V, roi d'Angleterre et maître d'une grande partie de la France, vint mourir à

Vincennes en 1422, alors que le comte d'Huntington était gouverneur. Vers cette même époque, la cherté du combustible étant devenue fort grande, on décida que le bois serait coupé ; il ne le fut heureusement qu'en partie et replanté peu après.

Charles VI mourut quelques mois après le roi d'Angleterre et Charles VII fut proclamé roi de France par les quelques seigneurs qui lui étaient restés fidèles. Puis, les Anglais furent chassés de toutes les places qu'ils occupaient en France et Charles VII vint tenir sa cour à Paris. Il se rendait assez souvent au château de Vincennes pour être plus près de sa maîtresse Agnès Sorel, qui habita longtemps le château de Beauté. Elle eut deux filles du roi, dont l'une naquit au château de Beauté et l'autre au Donjon.

En 1461, Charles VII étant mort, son fils Louis XI lui succéda et ne séjourna que rarement à Vincennes. Ennemi de tout faste, il fuyait Paris et son voisinage pour se réfugier dans sa Touraine, loin des fêtes perpétuelles de la capitale. Il fit d'Amboise son rendez-vous de chasse habituel et de Plessis-lès-Tours, sa résidence favorite. Lorsque quelque affaire urgente l'appelait à Paris, il y venait modestement, presque sans suite, en bourgeois, évitant surtout de prendre domicile au Louvre ou à Vincennes. Il s'en allait coucher à la

Bastille Saint-Antoine et, s'il devait séjourner quelque temps dans sa capitale, il s'établissait au palais des Tournelles.

Dès les commencements de son règne, les grands vassaux, soulevés contre l'autorité royale, formèrent la ligue du Bien public et, en 1464, vinrent camper près du château. Après la bataille de Montlhéry, ils signèrent la paix à Saint-Maur-les-Fossés.

Par ce traité, le roi accorda tous les avantages qu'on lui demanda, mais avec la ferme intention de ne pas tenir ses promesses. En 1482, ayant envoyé au Parlement, pour les faire enregistrer, plusieurs édits contraires au bien de l'Etat, La Vacquerie, premier président, vint, à la tête de ses collègues, trouver le roi au bois de Vincennes et lui dit : « Sire, nous venons mettre nos charges entre vos mains et souffrir tout ce qu'il vous plaira plutôt que d'offenser nos consciences. » Le roi, perfide, feignit d'être touché de ces remontrances ; il révoqua quelques-uns de ces édits et adoucit les autres.

Louis XI, pour augmenter le nombre de ses hommes d'armes, eut l'idée d'enrégimenter les corporations des métiers de la capitale et, peu de temps après, il passa solennellement en revue, entre Vincennes et Picpus, cette milice bourgeoise composée de 60.000 artisans (80.000 d'après Poncet de la Grave) répartis en 67 compagnies. Ces miliciens, tous vêtus de hoquetons rouges avec une croix blanche, étaient coiffés de la *salade*, cuirassés de la *brigandine*, armés de la hache et de l'arc ; ils défilèrent devant le roi, groupés sous les bannières de leurs corporations peintes d'une croix blanche et ornées de l'image des saints que les différents corps de métiers avaient pour patrons.

CHAPITRE V

La Sainte-Chapelle du château. — Sa construction. — Description des vitraux. — La chapelle du XVIIe siècle à nos jours.

Lorsqu'en 1239, saint Louis reçut de Beaudouin, empereur de Constantinople, la couronne d'épines de Jésus-Christ qu'il avait rachetée aux Vénitiens, il fit construire à Vincennes et à Paris, pour y loger des reliques, deux des cinq Saintes-Chapelles qu'il avait fait vœu d'élever en France. A sa mort, quatre de ces Saintes-Chapelles étaient achevées : celles de Paris, de Vincennes, de Saint-Germain-en-Laye et de Riom, en Auvergne ; la cinquième ne fut commencée, à Champigny, en Touraine, qu'en 1508 par Louis Ier de Bourbon, prince de la Roche-sur-Yon et achevée de 1520 à 1538 par son fils. C'est la seule qui soit du style renaissance.

Sur ces cinq chapelles, les quatre premières sont entretenues, comme monuments historiques, par le ministère des Beaux-Arts. Celle de Champigny, en Touraine, fait partie d'une propriété particulière et a été remise en bon état par ses propriétaires. Elle est ornée de vitraux magnifiques qui représentent toute la vie de saint Louis.

La Sainte-Chapelle de Vincennes fut construite contre le vieux château de Louis VII et de Philippe-Auguste et servit de modèle à la seconde commencée par Charles V, terminée par Henri II et qui existe encore aujourd'hui.

En 1379, soit que la chapelle ait vu sa solidité compromise par la démolition du vieux château contre lequel elle était appuyée, soit par une raison de piété, pour l'éloigner des bas-services du donjon dont on la jugeait trop voisine, Charles V rendit une ordonnance qui décidait son remplacement par une autre. Il ordonna en même temps à ses architectes de copier fidèlement la chapelle de saint Louis. C'est ce qui explique pourquoi cette chapelle, quoique commencée à la fin du quatorzième siècle et terminée sous la Renaissance, est du style du treizième siècle sauf quelques modifications dans le goût de l'époque, apportées par ses derniers constructeurs.

L'ancien monument resta, du reste, debout, jusqu'à l'achèvement du nouveau.

En 1378, on commença les fondations et, l'année suivante, Charles V rendit à Montargis une nouvelle ordonnance constituant la fondation de la

Sainte-Chapelle et du chapitre ou collège des chanoines de Vincennes.

Le nouveau Chapitre, ainsi fondé, fut installé dans l'ancienne Sainte-Chapelle de saint Louis, en attendant l'achèvement de la nouvelle, c'est-à-dire jusqu'en 1552.

La mort de Charles V, survenue en 1380, interrompit les travaux qui furent repris par Charles VI, son fils et successeur ; celui-ci, par plusieurs lettres patentes, en confirma la fondation et la dotation mais les guerres continuelles et la folie du roi firent de nouveau suspendre la construction de l'édifice, qui ne fut reprise qu'en 1400, sous la direction de Jean Annot, entrepreneur des œuvres du roi, qui éleva les murailles à la hauteur des fenêtres. Cinquante ans plus tard, Louis XI continua l'œuvre de ses prédécesseurs ; Charles VIII porta la chapelle à la hauteur des travées et, sous Louis XII, on continua lentement les travaux.

François Ier fit prendre à l'œuvre un nouvel essor. Ce fut surtout la publication du rondeau suivant qui l'y décida :

> Puis huit vingt ans, cinq rois passant ce cours
> M'ont délaissée au trepas sans secours
> Et sans avoir, par nul moyen tendu
> Qu'ung seul ouvrier est à moi entendu
> Pour me parfaire ainsi j'ai attendu
> Puis huit vingt ans.
> Remède quel ? suivant mon erre cours,

> Au triomphant roi François ai recours
> Espère y prendre à bonne heure et temps du
> Son franc vouloir magnanime entend u
> Rendra croissant ce qui tombe en décours
> Puis huit vingt ans.

Ce rondeau, dû à la plume d'un nommé Dubois, dit Crétin, trésorier de la chapelle, fit exécuter quelques travaux qui furent bientôt arrêtés. Neuf ans après, Dubois se fit de nouveau l'interprète des vœux de la Sainte-Chapelle :

> La suppliante à la pluie et au vent
> Sans nul taudis, couvertur en auvent
> Voire en péril éminent de morfondre...
> Vous plaise donc rendre icelle accomplie
> Afin que Dieu, à Messe et à Complie,
> Y soit servi, et puissiez mériter
> Loy éternel qui peut l'âme hériter.
> Ainsi aurez, pour bien petites sommes
> Grâces de Dieu et louanges des hommes
> Mieux que pis.

François Ier y fit alors travailler jusqu'en 1531, et elle en avait grand besoin car, depuis cent soixante ans qu'elle était commencée, elle n'avait encore atteint que la hauteur des vitraux. Les travaux faits sous François Ier se reconnaissent facilement par la présence de salamandres sculptées sur l'édifice ; on sait que ce prince avait pris la salamandre pour emblême.

Henri II fit construire, de 1547 à 1552, la sacristie

surmontée du trésor destiné à conserver les reliques; il fit terminer les magnifiques boiseries sculptées du sanctuaire et poser les stalles de chaque côté du chœur; entre les stalles, le trône du roi faisait face à l'autel. Le chapitre royal célébra pour la première fois son office dans la nouvelle chapelle, le 15 août 1552, en présence de Henri II et de toute sa cour.

Ainsi, deux époques très distinctes ont concouru à l'édification de la Sainte-Chapelle; malgré cela, ce monument présente, au premier abord, une grande unité. Les architectes de la Renaissance chargés de l'achever ont, autant que cela était possible à cette époque, cherché à conserver l'ordonnance de l'ensemble, le caractère des détails. Il faut examiner la sculpture, reconnaître les dégradations causées par les pluies et la gelée aux parties supérieures des constructions laissées inachevées pendant un siècle, pour trouver les points de soudure des deux époques[1].

Ce fut également Henri II qui fit établir les vitraux de l'abside et des côtés; les premiers seuls ont été conservés. Autant remarquables par leur composition que par leur belle exécution, ils peuvent être rangés parmi les plus beaux de la Renaissance. Ils sont dus au talent de Jean Cousin, qui

[1] Viollet-le-Duc, *Dictionnaire raisonné de l'Architecture.*

fut à la fois peintre sur toile, peintre sur verre, sculpteur et qui excella dans tous ces genres. Il fut inspiré dans ses compositions par les symboles mystérieux décrits dans l'*Apocalypse*, qui est une histoire prophétique de l'Eglise révélée à saint Jean.

Les vitraux des trois grandes fenêtres de chaque côté de la nef représentaient les portraits en pied de tous les chevaliers des ordres de St-Michel et du St-Esprit, en grand costume; ils ont été détruits quelque temps avant 1793. Quant à ceux du sanctuaire, qui ne furent que mutilés, ils furent enlevés, par un dernier sentiment instinctif pour le beau, transportés à l'ancien musée des Augustins d'Alexandre Lenoir, et réinstallés en 1816; mais les débris furent mal replacés. Ce ne fut qu'en 1878 qu'un peintre verrier de grand talent, M. Oudinot, a su les rétablir dans leur état primitif.

Les sujets traités dans les vitraux du sanctuaire sont au nombre de douze et représentent douze visions décrites dans l'Apocalypse. Au-dessous de chacun d'eux, une tablette porte l'extrait correspondant de l'Apocalypse écrit par le peintre dans le style de son temps.

Voici quelles sont ces inscriptions, avec l'indication de l'endroit où sont placés les vitraux qui les surmontent.

1re VISION : Ce tableau occupe le haut de la permière fenêtre du cintre à droite du spectateur. En voici l'inscription :

Veit quatre anges tenantz les quatre vents afin qu'ils ne soufflassent sur la terre et leur estoit donné puissance de nuyre à la terre et mer et incontinent leur estre deffédu de ne faire aucun mal jusques à ce que les serviteurs de Dieu fussent signés au fronc.

Dans ce tableau se trouvent des têtes fort remarquables dans le groupe des serviteurs de Dieu que l'ange marque du sceau; dans le lointain, une belle perspective de paysages fuyant sur le flanc d'une montagne.

2e VISION : Ce sujet est placé au-dessous du précédent, dans la même fenêtre. Il porte l'inscription suivante :

*Veit fut donné sept
Trompettes à sept anges.*

« Je vis qu'il fut donné sept trompettes à sept anges ».

On voit dans ce tableau une *Sainte-Mère de l'Enfant-Jésus* assise dans un fauteuil d'or et un *Saint-François d'Assise* en extase.

3e VISION : Ce tableau est placé, à droite du spectateur, dans le haut de la seconde fenêtre du cintre.

Au-dessous se trouve cette inscription :

Veit le premier ange et après avoir sôné sa trompette fut faicte gresle et feu avec sang et fut arse la tierce partie de la terre et la tierce partie des arbres et toute l'herbe de la terre fut bruslée.

Ce tableau est surtout remarquable par la beauté de son coloris.

4ᵉ VISION : Ce tableau, placé au-dessous du précédent, porte cette inscription :

> *Veit après le second son une montagne tombée en la mer et la tierce partie dicelle devenir sang. La tierce partie des poissons mourir et la tierce partie des navires périr.*

Cette verrière porte, dans le soubassement figuré de son encadrement, l'écu fleurdelysé de France soutenu par deux anges; à côté, des trophées où l'on remarque l'emblême de François Iᵉʳ : une salamandre couronnée avec la devise : *Nutrisco et evtinguo*.

5ᵉ VISION : Ce tableau est situé dans la partie supérieure de la quatrième fenêtre, en commençant toujours par celle qui contient les deux premières visions. La tablette porte l'inscription suivante :

> *Le tiers ange ayant donné sa trompette veit tomber du ciel une grande estoile ardente côme ung flambeau et la tierce partie des fleuves et des fontaines devinrent amères comme aloyne* [1] *par laquelle amertume moururent plusieurs hommes.*

[1] Vieux mot pour absinthe.

Le tableau de cette vision, dit M. de Laval, offre des effets de couleur et de perspective très remarquables. Aisément l'œil se rend compte des effets de couleur ; mais nous signalons au spectateur un effet de perspective qu'il faut observer à l'aide d'une bonne jumelle. Au-dessous des nuages, du côté où sonne la trompette, mais au-dessus du groupe d'hommes qui reçoivent dans une amphore rouge et boivent l'eau changée en absinthe, que leur verse un rocher ; dans l'entre-deux, avec un bon instrument d'optique, on voit, sur le penchant et au pied de la montagne, une ville, d'où débouche un fleuve qui circule dans la plaine et se dérobe à la vue sous un pont. Il est merveilleux qu'un pinceau puisse produire sur verre de tels effets de perspective. [1]

6e Vision : La tablette de cette verrière, placée au-dessous du précédent, porte une inscription ainsi conçue :

> *La quarte trompette sonnée fut frappée la tierce partie et de la lune ensemble des estoiles, en sorte que le jour ne luysoit plus ouyt la voix d'un aigle volant et cryant : Malheur, malheur, aux habitants de la terre.*

Au-dessous de la tête de l'aigle, on peut admirer une magnifique vue d'une ville s'étendant vers la montagne.

[1] De Laval, *Esquisse historique*.

La partie inférieure de l'encadrement est semblable à celle de la deuxième fenêtre.

7° Vision : La septième et la huitième visions ont été placées par le peintre sur la fenêtre du milieu du sanctuaire, sans doute à cause du grand effet que devait produire le tableau de la huitième vision.

Voici l'inscription située au bas de ce tableau :

Ayant sonné la cinquième tropêt cheust une grande estoile ayant la clef de l'abisme et l'ouvrit et la fumée du puits monta mêlée de saulteraulx[1] courônés ayant puissance de nuyre comme scorpions à œux qui n'avoient le signe de Dieu sur leurs frontz.

A droite et à gauche des flammes de l'étoile on remarque encore deux paysages ; dans la partie sombre du tableau, on voit, à l'aide de la jumelle, les visages diaboliques donnés par l'artiste aux sauterelles.

8ᵉ Vision : Dans ce tableau, situé au-dessous du précédent, la tablette nous dit :

*Veit aussi les quatre anges deliez afin
d'occire, suivis de grande multitude
d'anges d'armes, môtez sur chevaux,
ayant teste de lions et par iceux
fut tué la tierce partie des hommes.*

Le tableau qui représente cette vision, dit M. de Laval est très mouvementé. Sur un signe de Dieu,

---

[1] Sauterelles.

une armée d'anges exterminateurs, portée sur des chevaux à têtes de lions, s'élancent du sein des nues.

Au-dessous, les quatre anges de l'Euphrate, rangés en ligne terrible, exécutent les justices divines. L'ange, à gauche du spectateur, qui a les deux bras levés au-dessus de sa tête, pour asséner plus vigoureusement le coup de son glaive, est surtout remarquable.

Dans le soubassement figuré de cette verrière, est représenté, à genoux devant son prie-Dieu, le roi Henri II, revêtu du manteau et du collier de l'ordre religieux et militaire de Saint-Michel qu'il avait fait transférer du mont Saint-Michel à Vincennes.

9e Vision : Le tableau représentant la neuvième vision est placé dans la partie supérieure de la dernière fenêtre du cintre à gauche du spectateur. Il porte l'inscription suivante :

> Lors je vei un ange descendant du ciel envirôné d'une nué au chef du quel estoit l'arc du ciel et ses pieds estoient cóme une colóne de feu et met son pied dextre sur la mer et le senextre sur la terre.

Ce tableau et celui de la dixième vision placé au-dessous étaient plus dégradés que les autres. M. Oudinot, qui fut chargé de leur restauration, a su les rétablir dans leur état primitif, de telle façon qu'on est dans l'impossibilité de reconnaître quelles sont les parties qui ont été ajoutées.

10ᵉ Vision : Cette verrière, placée dans la partie inférieure de la même fenêtre que la précédente, porte comme inscription :

> *Et quand mes deux témoins auront achevé leur tesmoignage, la beste qui monte de l'abisme fera guerre cont eux et les veincra et les tuera, et a cette heure la a esté fait grand tréblement de terre.*

On peut remarquer, dans ce tableau, au-dessous du temple, les têtes des juifs qui tiennent conseil entre les deux prophètes. C'est sur ce tableau qu'était inscrite la date 1558, qui n'a pas été replacée lors de la restauration.

11ᵉ Vision : Voici l'inscription de ce tableau qui est placé dans la grande fenêtre latérale du sanctuaire à droite du spectateur :

> *Lors selui qui estoit assis sur la nuée, jeta sa faucille sur la terre qui fut moissonnée, et vendangée, et les raisins remplirent le pressoir de l'ire de Dieu, et du pressoir sortit du sang.*
> Apᶜ XVI, XIX, XX.

Ce tableau, que beaucoup d'auteurs ont intitulé à tort *Les quatre saisons*, représente, comme les autres, une vision de l'Apocalypse.

12ᵉ Vision : Ce tableau, qui est un des plus remarquables de la chapelle, porte dans sa tablette :

> *Et quand il eut ouvert le cinquième sceau, je vis sous l'autel les âmes de ceux qui avoient ésté tuez pour la parole de Dieu et pour le tesmoignage qu'ils maintenoient.*

Comme le précédent, ce tableau a été mal dénommé par nombre d'auteurs, même par Viollet-le-Duc, qui l'intitulent *Le jugement dernier*, ou encore *Le Purgatoire*. Ce qui a donné lieu à cette dernière dénomination est la présence, dans cette scène, de la fameuse Diane de Poitiers, maîtresse de Henri II, qui y est représentée nue, avec un ruban bleu qui sert de bandeau à ses cheveux. Cette présence est assez bizarre dans un tableau que l'on pourrait intituler le *tableau des saints martyrs*; et ceux-ci doivent se trouver offusqués de cette promiscuité avec la célèbre courtisane. Peut-être, dit M. de Laval, le peintre a-t-il voulu signifier complaisamment que, lorsque Diane aurait fini son temps en purgatoire, elle se glisserait dans un coin du ciel. A la bonne heure!

Il n'y a pas que cette verrière qui rappelle, dans la chapelle, le souvenir de la belle Diane de Poitiers : les bordures des vitraux portent partout ses emblèmes et ses chiffres; partout l'on voit des H et des croissants, ses chiffres et ceux du roi sont entrelacés dans les vitraux et voûtes avec des cors de chasse, des chiens, des croissants et des cornes d'abondance; le tout avait été ainsi placé sans respect pour les yeux même de la reine qui ne devait être que médiocrement flatté à la vue de cette profusion des attributs de sa rivale et du portrait de celle-ci.

Un auteur du XVII· siècle nous donne de la chapelle la description suivante qui ne perd pas de son intérêt, bien que les boiseries, les stalles et l'autel aient été détruits pendant la Révolution et remplacés depuis par des ouvrages modernes :

« Elle est d'un assez beau dessin gothique avec quantité d'ornements. Les voûtes sont d'une hardiesse surprenante et ont plus 3 pouces (9 centimètres) d'épaisseur; elles sont construites avec de très petites pierres artistement taillées que l'on voit à nu dans les charpentes sans aucune charge. La charpente, tout en bois de châtaignier, est un chef-d'œuvre de légèreté et de hardiesse. La flèche a été détruite mais jamais réparée.

« L'autel de cette Sainte-Chapelle est bien peu analogue à l'élégance du bâtiment, il ne serait tout au plus supportable que pour un mauvais village. Le sanctuaire est superbe et il en est peu en France de plus majestueux. Le trône du roi occupe le centre et les trésoriers, chantres et chanoines, sont dans de majestueuses stalles situées des deux côtés; les sacristies, grande et petite, sont fort bien voûtées et les archives bien entretenues.

« La nef renferme trois chapelles : celle de Saint-Martin, qui sert de paroisse, est à droite, celle de Saint-Jean à gauche et, dans le milieu, la Sainte-Famille. Elle est très mal pavée et sans lambris. Dans le fond de la Sainte-Chapelle est une galerie destinée à l'emplacement d'un orgue, mais il n'y en a pas. Cette chapelle a d'assez beaux ornements et un trésor peu considérable, dans lequel cependant on distingue une croix d'or ornée de pierreries, qui renferme un morceau assez considérable du bois de la vraie croix, et un bassin en cuivre rouge des Indes en forme de cuvette, qui a cinq pieds de circonférence, où sont des figures représentant des Persans et des Chinois. On y voit, sur une espèce d'estrade, avec des gardes à côté, ce qui est répété deux fois ; beaucoup de chases des tigres, lions et léopards, en deux endroits quelques mots arabes qui regardent quelque famille de cette nation. Ce bassin représente aussi plusieurs hommes en carquois et bouclier ; ces figures sont ciselées dans le cuivre, et tout ce qui a été ciselé est rempli d'argent. Il est vraisemblable que ce bassin a servi aux purifications qui étaient fréquentes chez les Orientaux et qu'il a été apporté au retour des Croisades, il a servi en France au baptême des enfants du roi et de quelques princes du sang. »

Le bassin dont il est question dans cette description a disparu au moment de la Révolution, en 1791, puis il est entré au Louvre le 26 juillet 1793, où il se trouve encore aujourd'hui.

A cette époque, la Sainte-Chapelle était desservie par un chapitre composé d'abord d'un trésorier, chef de chapitre, d'un chantre, de sept chanoines, quatre vicaires et deux clercs.

Les assemblées des chevaliers de l'ordre militaire et religieux de Saint-Michel furent transférées du Mont-Saint-Michel à la Sainte-Chapelle de Vincennes, en septembre 1557 ; elles ont continué à s'y tenir jusqu'au mois d'avril 1728.

En 1791, les chanoines de la Sainte-Chapelle, ayant refusé de prêter serment à la Constitution civile du clergé, furent expulsés par ordre de la municipalité de Vincennes, le 15 avril, à cinq heures du matin, au moment même où ils chantaient l'office. La chapelle fut fermée jusqu'au 16 juin, date à laquelle les assemblées primaires commencèrent à s'y réunir. A cette époque les fenêtres étaient en bien mauvais état, car, en 1788, un ouragan avait détruit les vitraux de la rosace placée au-dessus du portail et endommagé les verrières du côté méridional de l'édifice.

En 1889, on a placé dans la chapelle un tableau peint par Beauquesne et offert par l'auteur. Ce tableau, qui représente la translation par Henri II, en 1555, de l'Ordre de Saint-Michel, du Mont-

Saint-Michel dans la Sainte-Chapelle de Vincennes et la réception dans cet Ordre d'un nouveau chevalier, offre une particularité remarquable : le roi Henri II est le seul personnage représenté sous ses traits véritables; tous les autres personnages figurent sous les traits d'officiers alors en garnison à Vincennes, tels que le général Nismes, les colonels Peigné et Decharme, le commandant de Batisse, les capitaines Chatonnet, Muntz-Berger, etc.

Le cardinal de Lorraine, qui présente le livre des Evangiles au récipiendaire, est peint sous les traits du cardinal Richard, archevêque de Paris et, au premier plan, le chevalier, avec sa barbe blanche et la calotte canoniale, n'est autre que l'abbé de Laval, ancien aumônier de la place de Vincennes.

Avant de quitter la chapelle, n'oublions pas de signaler le tombeau du duc d'Enghien placé dans la petite sacristie du côté nord, au-dessous du Trésor. Ce monument allégorique, élevé dans le sanctuaire par ordre de Louis XVIII en 1817, a été transféré à son emplacement actuel en 1852 par Napoléon III qui, probablement, le trouvait trop en vue. Le prince y est représenté soutenu par la Religion; au-dessous la France enchaînée pleure devant le Crime. Cette œuvre du sculpteur Dessène faisait peut-être un effet passable lorsqu'elle était placée dans le sanctuaire de la chapelle ; mais, dans cette salle très exiguë, les quatre statues ne sont ni à l'aise ni en bon point de vue. Nous reparlerons du reste de ce monument, lorsque nous raconterons la tragique histoire du prince de la maison de Condé.

CHAPITRE VI

Les Minimes du bois de Vincennes. — Henri III les installe dans le monastère de Grammont. — Rapports des Minimes avec les manants de Montreuil et de Fontenay.

L'abbaye qui avait été établie par Louis VII dans le bois de Vincennes et dont nous avons parlé précédemment, fut occupée par des moines de l'ordre de Grammont jusque sous Henri III, époque où ce monarque essaya de les remplacer par des frères Mineurs ou Cordeliers de l'Observance. Par l'intermédiaire de Philippe Hurault et de Claude Marcel, surintendant des Finances, ses commissaires, il fit avec François de Neuville, abbé général de l'ordre de Grammont, un concordat par lequel ce dernier consentait, sous le bon plaisir du pape, à ce que le prieuré et le couvent du bois de Vincennes fussent désunis de l'ordre qu'il dirigeait et accordés à tel autre ordre qu'il plairait à Sa Majesté.

En échange, Henri III donnait aux religieux de Grammont le collège royal de Mignon avec ses dépendances. Le pape Grégoire XIII approuva cet accord et les Cordeliers de l'Observance vinrent occuper le prieuré des Bonshommes; mais, ne se plaisant pas dans leur nouvelle demeure, retournèrent bientôt dans leur couvent de Paris. Henri III fit alors venir du couvent de Notre-Dame-de-toutes-Grâces-de-Nigeon, établi à Chaillot, dix-huit religieux Minimes qu'il établit dans l'abbaye du bois de Vincennes. Ces Minimes appartenaient à l'ordre fondé à Cozenza (Italie) par saint François de Paul qui leur avait donné le nom de *frères minimes* pour les rappeler à l'humilité. Vivant d'abord en ermites, ils s'étaient répandus dans la Calabre et la Sicile, puis en France où ils avaient suivi leur fondateur appelé en Touraine par Louis XI. Leur premier monastère proprement dit fut édifié à Plessis-lès-Tours, grâce aux libéralités de Charles VIII qui continua à saint François de Paul la protection que lui avait accordée son père. Plus tard ils fondèrent un couvent à Chaillot; le peuple de Paris les connaissait sous le nom de *bonshommes* du surnom que Louis XI se plaisait à donner à leur fondateur. Leurs constitutions étaient calquées sur la règle des frères mineurs; elles leur imposaient, en outre, un carême perpétuel. Rejetant la viande, le laitage et les œufs, ils se nourrissaient exclusivement de poissons et de légumes qu'ils arrosaient abondamment d'huile. Ils s'adonnaient à la contemplation et à l'étude. Leur costume consistait en une robe grossière de laine noire non teinte, avec un capuchon triangulaire et une ceinture de même étoffe; l'usage du lin leur était interdit. L'ordre avait pour devise le mot latin *Caritas* (charité).

Les dix-huit religieux appelés à s'installer au bois de Vincennes dans l'ancien couvent de Grammont furent aussitôt comblés de présents par le roi : tableaux, ornements d'église, reliques, croix, chandeliers et vases d'or, bréviaires d'une magnificence inouïe, que Henri III avait fait imprimer à grands frais, enrichirent le vieux monastère. Leurs premières années de séjour dans le bois ne furent pas cependant exemptes d'inquiétudes : pendant ces époques troublées par les guerres de religion, leur couvent fut pillé et saccagé par les Seize et leurs compagnies de bourgeois qui firent main basse sur tous les cadeaux royaux qu'il renfermait.

Le parc situé autour du couvent n'était, à cette époque, entouré que d'un fossé, ce qui permettait aux malfaiteurs de s'y introduire facilement; la nuit, les bêtes fauves qui pullulaient dans le bois pour les plaisirs du roi venaient dévaster le potager ; aussi Louis XIII donne-t-il, en 1614, aux Minimes, une somme de 6.000 livres sur l'adjudication des bois de la forêt de Caigne *pour parachever les bâtiments, ouvrages et clôture de leur couvent dans le Parc.* Cette somme fut, sans doute, insuffisante car, en 1617, le même roi leur fait un nouveau don de 4.000 livres pour les aider à terminer la construction de leur mur de clôture.

Ainsi installés et bien clos, les Minimes vont voir commencer leur ère de prospérité ; aux biens que possédaient les Bonshommes viennent s'ajouter de nouveaux dons : en 1631, par exemple, une dame Catherine Cothereau, femme de Jacques Parque, notaire au Châtelet de Paris, de lui autorisée, leur donne, par un acte daté du 23 janvier, une propriété sise au terroir de Fontenay et contenant six arpents, onze perches et un tiers de perche de terre.

La remarquable étude de M. Grandvaux sur *les Minimes du bois de Vincennes*, que nous avons déjà citée précédemment, va nous renseigner sur les rapports de ces moines avec leurs voisins les cultivateurs de Montreuil et de Fontenay. Nous utiliserons, pour cela, les documents mis au jour par les patientes recherches de M. Grandvaux qui a apporté à cette partie de l'histoire locale une contribution aussi intéressante qu'inédite dont lui savent gré tous ceux que les choses du passé ne laissent pas indifférents.

Les Minimes n'avaient pas seulement hérité des biens de leurs prédécesseurs, ils jouissaient encore de tous les avantages que possédaient ces derniers; comme eux, ils percevaient une partie de la dîme sur les récoltes faites par les habitants de Montreuil et de Fontenay. Pour recevoir ces impôts en nature ils firent bâtir, dans le bien qu'ils possédaient à Montreuil, rue du Prez, une grange appelée grange *dixmeresse*. C'est là qu'ils amoncelaient les sacs de grains et les fûts de ce vin aigrelet que les paysans avaient produit avec tant de peine sur les coteaux voisins et qu'ils apportaient bien à contre-cœur, quoique Vauban ait déclaré que la dîme était le moins onéreux des impôts. Cette grange, ainsi que les bâtiments qui y furent annexés par la suite, fut louée en juillet 1769 par les Minimes à un nommé Etienne Paquet.

Le bail signé à cette époque va nous renseigner sur la valeur de cet immeuble.

Situé rue du Prez, il se composait de deux corps de logis séparés par la grande porte; celui de droite comportait cave, cuisine au fond, chambre au premier et grenier au-dessus, arrière-salle au rez-de-chaussée et grenier au-dessus; le corps de logis de gauche était composé d'une cuisine, d'un cellier avec chambre au-dessus, grenier, écurie dans le fond, loge à porcs et lavoir. La grange dite *dixmeresse* était située au fond de la cour et composée de trois travées en bon état. La maison était louée moyennant la somme de 116 livres et la chambre pour 40 livres, avec obligation, pour le preneur, de fournir aux Minimes les jours de de Saint-Jean-Baptiste et de Saint-Pierre, la quantité de fraises suffisante pour deux communautés de vingt religieux. Ce bail était fait pour une période de neuf ans.

Les moines étaient donc gros décimateurs et, par conséquent, devaient laisser au curé de Montreuil et à son vicaire une portion de l'impôt qu'ils percevaient. Cette portion était appelée *portion congrue*.

Les portions congrues des curés qui, au moyen âge, étaient souvent payées en nature, furent plus tard payées en espèces et fixées à 120 livres sous Charles IX, portées à 300 livres sous Louis XIII, élevées à 500 en 1768 et à 700 en 1786. Elles augmentèrent donc, comme on le voit, à mesure que la valeur de l'argent diminuait.

Le curé de Montreuil, non satisfait de la portion congrue qui lui était payée en espèces par les Minimes, réclama en outre à ceux-ci le tiers de la dîme sur les pailles *feurres* et *hautons*. Les moines s'étant refusés à accepter de pareilles prétentions, le Parlement donna raison au curé par un arrêt du 20 décembre 1600; hâtons-nous de dire que les Minimes furent rétablis dans leur possession entière de la dîme sur les pailles par deux autres sentences : l'une du 18 juillet 1602, l'autre du 20 janvier 1624.

Ce ne fut pas le seul procès soutenu par les Minimes, jaloux de conserver intacts leurs prérogatives et leurs privilèges. Ils firent condamner par deux sentences du palais (1487) les religieux de l'abbaye Saint-Victor qui essayaient de se soustraire à la dîme due aux moines du bois de Vincennes. Ils firent avec ces derniers une transaction par laquelle ils s'engageaient à payer, à l'avenir, le droit de dîme pour les vignes et terres de la ferme dépendant de leur abbaye.

Les habitants de Montreuil cherchèrent aussi quelquefois à se dispenser de cet impôt onéreux, mais, chaque fois, les Minimes eurent facilement raison des récalcitrants : un arrêt du 10 juillet 1608 en condamne plusieurs, entre autres Jean Le Noir, à payer, pour le vin, la dîme à raison de six pintes par muid.

D'autres fois, comme en témoigne une note trouvée dans les comptes des Minimes, les vignerons de Montreuil cherchèrent à se dérober à la dîme sur le vin en vendant en grappes les fruits de leurs vignes ou en changeant le genre de culture de leurs terres ; mais, nous le verrons plus loin, les Minimes parvinrent une fois de plus à sauvegarder leurs intérêts.

Si les bénéficiaires de la dîme, ou décimateurs, jouissaient d'un privilège avantageux, ils avaient, en revanche, quelques petites obligations à remplir, entre autres celle de l'entretien du chœur de l'église paroissiale. Les habitants, à leur tour, devaient en entretenir la nef ainsi que la clôture du cimetière et le logement du curé. C'est l'ordonnance de 1695 qui avait réglé cet ordre de choses.

Ainsi, l'entretien de l'église incombait, dans une de ses parties, aux décimateurs et dans l'autre aux paroissiens; c'est ce qui explique pourquoi, dans certaines églises, le chœur et la nef ne sont pas en proportion et sont plus ou moins vastes et riches selon la fortune ou la piété des coopérateurs. Cet entretien de la nef par les habitants se comprend si l'on se souvient que celle-ci était séparée du sanctuaire par une barrière, une grille ou un jubé et que les paroissiens ne s'y réunissaient pas seulement pour assister à la messe ou aux vêpres, mais encore pour procéder à l'élection des syndics et des collecteurs; les assemblées communales y tenaient leurs séances, on y faisait parfois l'école, on y vendait aux enchères et en bien des pays, on y déposait des grains, de la paille, du bois. Plus tard, on y dansa, on y tint des marchés, on y donna des représentations théâtrales. Toutes ces coutumes ont été supprimées au xvie siècle.

Le 29 mars 1760, M. Bertin de Sauvigny, intendant à Paris, fixe à 235 livres 18 sols la quote-part des Minimes pour le paiement des réparations faites au chœur de l'église de Montreuil.

Quand on visite aujourd'hui l'emplacement du couvent des Minimes, que l'on parcourt les bords pleins de fraîcheur du lac qu'y a creusé M. Alphand, que l'on admire sa cascade ou les petits ruisseaux sinueux qui l'alimentent, on a peine à se figurer qu'autrefois cet endroit était complètement privé d'eau potable. Un tel état de choses devait considérablement gêner les Minimes : aussi Henri III les sortit-il d'embarras.

Par lettres patentes du 29 mars 1586, le roi « donne et octroie aux habitants de Fontenay, pour six années consécutives, exemption de toutes tailles, subsides et autres impositions quelconques mises ou à mettre pour leur ayder à supporter les grandes dépenses qu'ils seraient contraints de faire pour faire aller l'eau des fontaines du village de Fontenay jusque dans la maison et oratoire Notre-Dame de Vincennes, dans le parc enclos du dit parc de Vincennes, suivant le commandement à ceux cy-devant fait par lui, encore qu'ils ne soient chargés de la faire aller jusqu'au regard seulement qui est dans le parc où se vont abreuver les daims et autres bêtes fauves ».

« Les habitants de Fontenay seront tenus de fournir et faire aller à ladite maison et oratoire de Vincennes, la grosseur d'un pouce d'eau pour le moins, de faire faire à leurs dépens et coût propres pour raison de toutes les réparations nécessaires pour rendre les dits fontaines, regards et tuyaux en bon et suffisant état et faire les fondements de la profondeur requise pour chacun desdits tuyaux depuis le village de Fontenay jusqu'au dit oratoire de Vincennes, le tout en suivant les visitations et apports qui en ont été faits par MM. les plombiers et fontainiers de la ville de Paris.

« Défense expresse aux particuliers ayant jardin et autres héritages en lieux et endroits par où passent lesdits tuyaux d'y faire planter aucunes hayes ni arbres, du moins à six pieds près lesdits tuyaux.»

Les habitants de Fontenay obéirent bien, au début, à toutes les prescriptions du roi ; ils firent les travaux nécessaires pour conduire au couvent une partie de l'eau des petites sources qui jaillissent sur les hauteurs de Fontenay, particulièrement aux endroits appelés *les Carreaux*, *les Rosettes*, etc. Pendant longtemps, ils entretinrent en bon état les canalisations qu'ils avaient établies ; mais, peu à peu, ils négligèrent cet entretien et, une fois de plus, les Minimes durent avoir recours à des poursuites judiciaires. Le 21 avril 1663, à l'issue de la messe paroissiale, ils firent donner un exploit d'assignation aux habitants de Fontenay par Lucas, sergent royal.

Claude Basanet, fontainier du château royal de Vincennes, Robert Anglard, maçon, experts nommés d'office par Philippe Levasseur, docteur en droit, ancien avocat à la cour du Parlement, bailly pour le roi du bailliage et châtellenie de Vincennes, après avoir prêté serment, procédèrent à la « visitation » des regards et canaux en présence des Minimes et des habitants de Fontenay qui y avaient été conviés. Quelques rares habitants de Fontenay se trouvèrent au rendez-vous, entre autres Pierre Héricourt, capitaine du dit lieu, et quelques marguilliers de la paroisse.

Au dire des experts, les tuyaux de conduite étaient en mauvais état : ils ne fournissaient qu'un demi-pouce d'eau au lieu d'un pouce d'eau exigible. La conclusion fut qu'il y avait lieu de réparer les tuyaux et d'établir un deuxième regard.

Ces expertises entraînèrent, en outre, des frais pour la commune : le bailly reçut 12 livres pour ses frais de vacations, le greffier 6 livres, le procureur des Minimes 8 livres, les deux experts 6 livres chacun et les frais de la minute se montèrent à 6 livres.

Les Minimes eurent également maille à partir avec les habitants de Montreuil. Ceux-ci, nous l'avons vu plus haut, payaient la dîme sur leurs récoltes en vins ou en grains, dîme que se partageaient les Minimes et le curé de Montreuil. Voulant échapper à cet impôt qu'ils trouvaient trop onéreux ou trouvant plus avantageux de vendre des fruits, fraises et framboises, et des asperges que du vin qui était d'une qualité médiocre et qui payait la dîme, ils changèrent, vers la moitié du xviie siècle, leur genre de culture. Peu à peu, ils arrachèrent leurs vignes et cultivèrent à leur place des fraisiers, des framboisiers et des asperges.

Les Minimes et le curé de Montreuil s'émurent de cette modification de culture, d'autant plus que les cultivateurs prétendaient que les décimateurs avaient bien le droit de percevoir la dîme sur les récoltes en grains ou en vin, mais aucunement sur les récoltes en fraises, framboises ou asperges ; ils firent aux habitants de Montreuil un procès qui — comme beaucoup de procès à cette époque — dura fort longtemps.

En août et septembre 1667, la cour rendit deux arrêts qui ne satisfirent pas les plaideurs. Pourtant la commune de Montreuil et les Minimes finirent par s'entendre. Pour cela les habitants se réunirent le 3 juin 1668, devant l'église de la paroisse, pour se concerter sur la conduite à tenir. Ils y avaient été conviés par une publication faite en chaire par le curé — comme cela se faisait ordinairement — par laquelle Nicolas Vitry l'aîné, procureur-syndic des habitants de Montreuil, faisait savoir aux dits habitants qu'ils auraient à s'assembler à l'issue de la messe ou des vêpres pour faire choix et élection entre eux de telles personnes qu'ils adviseront « pour, par eux, faire et passer tous actes nécessaires pour l'assoupissement du procès de la dîme, intenté pour raison des asperges et framboises. »

La réunion eut lieu le même jour à l'issue des vêpres devant la principale porte d'entrée de l'église, en présence du greffier et tabellion, notaire de Montreuil. Y assistaient les paroissiens suivants : Nicolas Vitry, fils de Jean, capitaine, Pierre Pesnon l'aîné, Jean Maussion l'aîné, Nicolas Cornu l'aîné, Nicolas Perret, Nicolas-Etienne Vitry l'aîné, Nicolas Regnard, Gabriel Anglard, Pierre Naudin, Jean Regnard, Pierre Vitry, Martin Savard, Robin Chevreau, Louis Naudin, Isaac Savard, Antoine Chevallier, Guillaume Petit, Nicolas Houdard, dit Sans-Souci, Jacques Vié, Pierre Houdard fils, de Ramond, Pierre Turin, Etienne Vitry fils, de Claude, tous habitants du dit Montreuil, « faisant et représentant la plus grande et saine partie d'iceux, lesquels après avoir conféré ensemble sur le fait de la dite publication ont tous d'une commune voix fait et constitué, font et constituent leurs procureurs généraux et spéciaux des personnes de Pierre Couteux, Nicolas Lion, marguilliers de la dite église, et le dit Vitry, procureur syndic des dits habitants, auxquels ils donnent pouvoir et puissance de pouvoir en leur nom, et pour le corps et communauté des dits habitants de transiger avec le curé de Montreuil, les religieux Minimes du château de Vincennes et autres qu'il appartiendra pour raison de la dîme des asperges, fraises et framboises qui croissent sur le territoire de Montreuil, faire et passer tous actes nécessaires, faire tout ce qui appartiendra pour le soulagement des dits habitants requis et nécessaire. »

L'acte reçut ensuite les signatures des susdits habitants, sauf de Houdard, Vié, Guérin et Etienne Vitry, fils de Claude, qui déclarèrent ne savoir signer. Le tabellion Poire y joignit son paraphe.

Les représentants des habitants ainsi désignés se réunirent, munis de leur procuration, le 10 juillet 1668, par devant M. Lenoir le jeune, procureur en Parlement, rue Quincampoix, à Paris. Ils s'y rencontrèrent avec Jean Robin, religieux et correcteur du couvent des Minimes, Claude Desmazure, procureur général de l'Ordre, et Jean de Marimole, prêtre, curé de Montreuil. Les deux représentants des Minimes étaient porteurs d'un pouvoir auquel était attaché le sceau de l'ordre. Les parties ci-dessus désirant terminer à l'amiable le procès pendant au sujet de la dîme ont transigé et composé ainsi qu'il suit : « A sçavoir que les dits Conteux, Lyons, Vitry ont tant au nom des procureurs qu'en leurs propres et privés noms, ensemble pour tous les habitants en nom général et collectif et encore chacun d'eux en son particulier et privé nom seront tenus, promettent et s'obligent bailler et payer à tous les codécimateurs sur le terroir de Montreuil chacun à proportion de son droit, chacune année, 40 sols pour chaque arpent de terre qui se trouvera à l'advenir, et a toujours été planté en fraises et framboises sur le terroir de Montreuil sur lequel les religieux, curé et autres ont droit de dîme; et à l'égard de ceux qui seront plantés en vignes et asperges conjointement il sera, au choix des Minimes et du curé et autres décimateurs, permis de prendre la dîme de vin ou de demander les dits 40 sols par arpent; et quant aux terres qui seront ensemencées en pois à fleurs, il a été convenu entre les parties qui les voudront cueillir et vendre en verd, seront tenus de payer les dits 40 sols aux codécimateurs ainsi qu'il est dit de ceux qui seront en asperges, fraises et framboises, ou seront tenus de laisser un canton desdits pois à fleurs pour satisfaire à la dîme et, moyennant ce, lesdits père Robin et Desmazure en leurs noms et en celui du curé de Montreuil ont quitté et déchargé, quittent et déchargent ladite communauté et habitants dudit Montreuil des arrérages des dîmes des années précédentes jusques et y compris l'an 1667 et ne sera fait le payement de 1668, pour les 40 sols ci-dessus accordés, qu'au jour de Saint-Michel prochain et sera continué d'année en année audit jour Saint-Michel. »

Les Minimes ne se contentèrent pas des avantages matériels dont ils jouissaient; ils allèrent jusqu'à prendre le titre de seigneur du fief du prez. M. de Berthémez, qui était le seigneur dominant de Montreuil, les attaqua et le 5 juin 1706, intervint un jugement qui disait : « Que le sieur de Berthémez est maintenu et gardé en la propriété et jouissance de la terre et seigneurie de Montreuil, et défense est faite aux religieux Minimes de prendre les qualités de seigneurs d'un fief appelé le *fief du Prez*, faute par eux d'avoir justifié des titres concernant ledit fief et permis aux Minimes de continuer à recevoir et de faire payer les redevances foncières qu'ils ont droit de prendre sur les héritages situés dans le canton du Prez. »

Pendant de longues années, les Minimes avaient négligé de se faire payer les arrérages des rentes foncières qui leur étaient dues par des habitants de Montreuil et de Fontenay pour des terres sises sur le Passeleu, le Prez, la cour des Deux-Pressoirs, le Grand-Fossé, les Rosettes, les Angles, au Pucelot, aux Carreaux, aux Vieilles-Portes, à la Tombe et en d'autres endroits. Les titres de rente, faute d'avoir été renouvelés à temps, étaient pour la plupart, frappés de prescription. En 1763, les Minimes, par un travail qui ne demanda pas moins de trois ans, recherchèrent les possesseurs d'héritages dont les noms étaient inconnus et firent renouveler, par devant notaire, les titres qui n'étaient pas prescrits.

Voici quelques noms de ces débiteurs, dont le nombre s'élevait à 106, tous habitants de Montreuil et de Bagnolet : Antoine Mainguet, Antoinette Girard, André Savart, Claude Pesnon, Charles Houdard, Charles Charton, François Bataille, Guillaume Prud'homme, Jean Lahaye, Jean Pesnon, J.-J. Lahaye, Nicolas Vitry la Grenouille, Nicolas Chevreau, etc.

Ce fut le greffier tabellion de Fontenay, maître Mouscadet, qui fut chargé de la rédaction et de la confection des nouveaux titres que les Minimes enfermèrent dans un carton placé dans la *Chambre des Titres*. Le même tabellion fut chargé, moyennant des honoraires de 2 sols par livre, de procéder à la recette de ces rentes, et il reçut l'ordre de procéder à cette recette au moins tous les six ans pour éviter une nouvelle prescription de titres.

Les revenus des Minimes ne se bornaient pas à ceux que nous avons indiqués jusqu'ici. Une déclaration de 1760 au greffe de mainmorte nous en donne l'énumération suivante :

Revenus en terre : 1° Deux clos (clos Bardou,

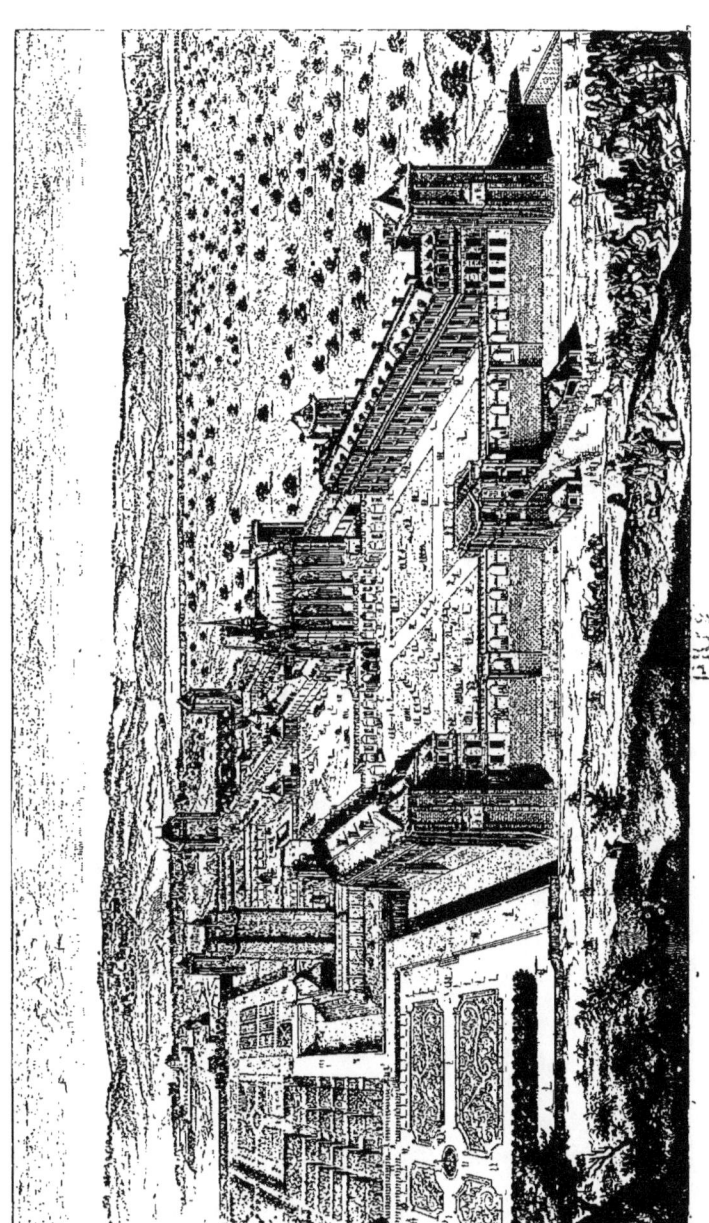

Vue et perspective du Château de Vincennes du côté du Parc

clos Poulard) ceints de murailles, l'un de 14 arpents, l'autre de 7, sur Fontenay, loués 633 livres; 2° 29 arpents et 10 perches de terre, la plus grande partie en vignes, sis à Fontenay, loués 735 livres 18 sols; 3° 30 arpents de terres labourables et 14 arpents de prés, au terrain de Neuilly et Nogent, loués 200 livres; 4° six arpents de terre au terrain de St-Maur et Champigny, avec droits de pêche sur 16 arpents de rivière loués 150 livres. Soit au total 1.718 livres 18 sols.

Des revenus en maisons formant un total de 10.327 livres.

Des revenus en dîmes et grains formant un total de 2.620 livres.

Des revenus en rentes et écus formant un total de 594 livres 9 sols.

Ce qui donne le chiffre respectable de 15.260 livres 7 sols.

A la suite de cette déclaration, les Minimes demandent une réduction de la taxe – qu'ils obtinrent du reste – prétendant que leurs charges s'élèvent à 7.759 livres 10 d. 10 sols.

Près du couvent, se trouvaient deux pavillons, un grand et un petit, que les Minimes louaient à gens de qualité désireux probablement de jouir du calme de la campagne. Parmi ces personnages on trouve les noms suivants : Mme la présidente de Saint-Sauveur, Philippe Daner, conseiller du

Roy ; l'abbé de Grange-Trianon, licencié en théologie ; Nicolas de Vichy, docteur en théologie ; Louis-Pierre Saunier, chevalier, conseiller du Roy ; Bourret de Villeaumont, enfin, en 1776, Armand de Grammont, duc de Lespare, marquis de Mouchy.

Dans le petit pavillon, les locataires furent successivement la comtesse de Saint-Yves : M° Brossard, avocat au Parlement ; M. Jacques, curé de Saint-Sauveur ; le comte de Guiche et César de la Luzerne, chevalier de Malte. Ce petit pavillon était loué à la condition que derrière la porte de communication avec le bois « qu'on a bien voulu permettre et tolérer » il y aura un verrou qu'on pourra fermer lorsqu'on le jugera à propos et que la susdite porte ne servira qu'aux messieurs et nullement aux personnes du sexe. Si le contraire arrive, le supérieur du couvent de Vincennes sera tenu, par ordre du père provincial des Minimes, de faire fermer cette porte et même de la faire murer sans que le preneur y puisse trouver à redire.

Le voisinage du château de Vincennes fit que les moines furent toujours au mieux avec nos rois et nos reines dont ils reçurent parfois la visite. « En 1660, dit Poncet de la Grave, le 25 juillet, fête de Saint-Jacques, patron d'Espagne, la reine alla à l'église des Minimes, dans le parc où, ayant été complimentée par le supérieur du couvent, accompagné de ses religieux, Sa Majesté assista au *Te Deum*, ensuite à deux messes (!) à l'une desquelles elle communia avec une dévotion des plus exemplaires et reçut de la façon la plus obligeante le régal que les religieux lui offrirent des plus beaux fruits de leur maison. En 1660, également le roi Louis XIV vient chez les Minimes, y communie, y touche les malades dans la sacristie et leur fait l'honneur d'accepter un déjeuner préparé dans une de leurs chambres où l'accompagnèrent quantité de princes et de seigneurs. »

Cette époque fut celle où la prospérité du couvent fut la plus grande ; l'héritage des bonshommes n'a cessé de s'accroître ; les granges, les celliers et les greniers sont abondamment garnis, comme le montre un relevé fait par le père Le Wailly, le 22 septembre 1706.

On trouve à la *boulangerie* : 5 septiers de farine ; à la *détrempe* : une tonne de saumon et un demi-cent de morue de Terre-Neuve.

Au *bûcher* et *grenier* : 6 cordes de gros bois et 4.500 faguettes.

Au *grenier à foin* : 600 de foin et 300 de gerbes, 4 septiers d'avoine.

Au *grenier à bled* : 10 septiers de bled, sauf erreur de déchet.

A la *dépense* : provision ample de chandelle,

vinaigre et verjus pour l'année. Un millier d'huile d'olive pour la provision de l'année prochaine.

Du sel pour trois mois.

A la *cave* : 25 feuillettes de vin de Bourgogne et une en perce.

Deux demi-muids de vin de Fontenay *pour nos garçons* et trois-quarts de vin nouveau de notre clos.

Le couvent comptait à cette époque 24 religieux et 6 domestiques ; savoir :

2 jardiniers. . . . . .payés 100 livres
1 charretier   —   120   —
1 infirmier   —   78   —
1 aide de cuisine   —   35   —

Ce dernier est en même temps serviteur des messes et reçoit, outre ses gages, une paire de souliers.

Les Minimes augmentent encore leurs revenus en prenant de l'argent à viager. En voici un exemple : Le 7 juillet 1769 « il a été convenu de recevoir de Marie-Catherine Bonival, âgée de 54 ans, demeurant 50, rue du faubourg-Saint-Antoine, par Paris, 2.000 livres pour lui en être fait une rente viagère de 180 livres par an, payables en deux termes, le 20 octobre et le 20 avril, nous engageant qu'après sa mort ce qui lui sera dû d'arrérages servira pour faire acquitter des messes pour le repos de son âme. »

On ne pouvait réellement prêter de l'argent à de meilleures conditions.

Le couvent renfermait aussi des œuvres d'art, entre autres dans la chapelle un tableau de Jean Cousin représentant le *Jugement dernier*. Un jour, le frère sacristain s'aperçut que le cadre était veuf de sa toile ; un amateur l'avait coupée, enroulée et emportée. On la retrouva et on la plaça cette fois dans la sacristie : mais cette précaution ne l'empêcha pas de disparaître au moment de la Révolution.

Avec la fin de l'ancien régime, les mauvais temps vont venir pour les Minimes ; dès le commencement de la Révolution, plusieurs religieux quittent la communauté prévoyant l'orage. En 1790, le père Balthazard-Leguay, correcteur du couvent, comparaît devant le bureau de la municipalité de Fontenay-sous-Bois et remet, en exécution de l'article 2 du décret de l'Assemblée nationale du 9 septembre 1790, un état contenant les noms, les âges et professions des sept religieux qui habitaient le couvent à l'époque de la publication du décret du 29 octobre 1789.

Le 30 septembre suivant, le maire et les officiers municipaux de Fontenay se rendirent au siège conventuel pour recevoir des religieux la justification de leurs actes de baptême et la déclaration des meubles qui garnissent leurs cellules. Ils firent l'inventaire de chaque cellule, donnèrent acte aux religieux de leurs déclarations et leur permirent d'enlever leurs effets.

Deux des religieux déclarèrent qu'ils avaient l'intention de se séculariser et d'aller vivre où bon leur semblerait. Trois autres disent qu'ils entendent vivre et mourir dans la vie commune des religieux. Enfin on décide que le frère Auguet, qui est en démence, sera placé dans une maison de tranquillité (*sic*) que la municipalité choisira.

Le couvent n'étant plus habité que par trois religieux très âgés, des voleurs tentent, dans la nuit du 31 décembre 1790 au 1er janvier 1791, d'y pénétrer et de faire main basse sur les objets précieux contenus dans la sacristie de la chapelle. Leurs projets sont déjoués, mais cette tentative émeut la municipalité de Fontenay qui écrit aux officiers municipaux de la commune de Paris pour leur signaler le danger que courent l'argenterie et les objets d'art contenus dans ce couvent isolé au milieu du bois et presque abandonné.

A la réception de cette lettre, des délégués de la municipalité de Paris se rendirent au couvent des Minimes où, de concert avec les officiers municipaux de Fontenay, ils procédèrent à un inventaire et, le 7 janvier 1791, firent déposer dans une salle de l'Hôtel de Ville l'argenterie provenant de la sacristie et pesant 144 marcs, 5 onces, 3 gros. Ils inventorièrent également les œuvres d'art et la bibliothèque contenant 2.829 volumes. On vendit le mobilier le 6 novembre 1791 et le reste, consistant en registres, titres et papiers, fut déménagé le 17. Une deuxième tentative de vol fit décider l'enlèvement complet de tout ce qui restait au couvent.

En 1857, l'ancien parc des Minimes était encore clos de murs ; il formait une sorte de garenne réservée, plantée d'arbres verts et entourée d'une belle route circulaire.

Lorsque la ville de Paris eut acheté le bois de Vincennes, c'est par cet endroit que M. Alphand commença les travaux d'embellissement ; un lac, auquel on a donné le nom des anciens Moines, fut creusé sur l'emplacement du couvent, et là, où le silence n'était autrefois rompu que par le son de la cloche appelant les moines à matines, une foule de Parisiens, avides de respirer un air plus pur que celui de la grande ville, envahit, le dimanche, les pelouses voisines, emplissant l'air de ses bruyants ébats ; au printemps on y vient cueillir la fleur nouvelle ; la violette, la fausse narcisse et la fragile anémone.

Au lieu d'une austère abbaye, on trouve un lac plein de fraîcheur, sillonné tout l'été de gracieux canots de promenade ; quand vient l'hiver, de nombreux patineurs y viennent s'ébattre, traçant d'élégantes courbes sur sa surface congelée.

CHAPITRE VII

Le château sous Louis XIII. Le pavillon du Roi
Louis XIV à Vincennes. Mademoiselle de La Vallière.

Depuis Louis XI, qui transforme le donjon en prison, jusqu'à l'avènement de Louis XIII, il ne se passe au château qu'un petit nombre de faits importants. François Ier, en même temps qu'il continue la Sainte-Chapelle, fait élever dans l'enceinte du château un bâtiment longeant le fossé occidental, avoisinant au nord le donjon et au sud la Tour-du-Roi. Ce bâtiment fera face, sous Louis XIII au Pavillon-du-Roi qui existe encore aujourd'hui. Henri II, nous l'avons vu, y fait achever la Sainte-Chapelle commencée par ses prédécesseurs. Charles IX y vient mourir en 1574, rongé par la fièvre et par les remords que lui cause le massacre de la Saint-Barthélemy ; puis les querelles entre catholiques et protestants s'étant envenimées, le donjon n'est plus considéré que comme une forteresse par les deux partis opposés ; dans un chapitre spécial, nous verrons que de nombreux prisonniers de guerre y furent enfermés à cette époque. En 1590, le duc de Mayenne, commandant l'armée des Ligueurs, s'en empara ; Henri IV voulut le reprendre et vint en personne en faire le siège ; mais le chevalier d'Aumale accourut de Paris au secours de la forteresse avec mille arquebusiers et quatre cents chevaux. Le combat fut rude, et, pris entre la place qui le canonnait vigoureusement et l'armée de la Ligue, toute fraîche et pleine d'enthousiasme, Henri IV fut obligé de faire une retraite fort difficile et fort sanglante. Ce ne fut que lorsque Paris, décimé par la famine, se rendit l'année suivante, que le donjon appartint à Henri IV le 27 mars 1591. Il en fit alors une résidence royale ; ce fut là que sa maîtresse, Gabrielle d'Estrées, donna le jour à un fils qui fut plus tard le grand prieur de France, sous le nom de César de Vendôme et qui mourut dans ces murs qui l'avaient vu naître.

Henri IV avait trouvé insuffisantes les constructions élevées par François Ier et, vers la fin de son règne, il avait conçu le projet de construire les deux grands bâtiments dont l'un, le pavillon du Roi, fut commencé trois mois après son assassinat, le 17 août 1610, sous la régence de Marie de Médicis, et l'autre, le Pavillon de la Reine, seulement en 1654, sous la régence d'Anne d'Autriche.

La pose de la première pierre du Pavillon du Roi fut faite par le jeune Louis XIII en grande cérémonie : le duc de Sully présenta au roi la truelle d'argent ; un des seigneurs qui l'accompagnaient offrit le marteau et un autre présenta l'auge d'argent contenant le mortier. Sur cette pierre, qui se trouve sous l'angle du côté du parc, on avait gravé au-dessus des armes du roi et de la reine, sa mère, l'inscription suivante : *En l'an premier du règne de Louis XIII, roi de France et de Navarre, âgé de neuf ans, et de la régence de Marie de Médicis, sa mère, en 1610.*

Aux quatre coins on plaça quatre médailles, deux d'or et deux d'argent doré, portant la même inscription. Cette construction fut achevée et habitée par le jeune roi en 1615.

L'autre bâtiment, situé du côté de l'est et destiné à la reine, ne fut élevé qu'une quarantaine d'années après, en 1646, sous Louis XIV, pendant la régence d'Anne d'Autriche. On adopta pour style de façade des deux pavillons l'ordre toscan, orné de pilastres doriques surmontés de vases étrusques. L'espace compris entre les deux bâtiments formait une sorte de cour d'honneur qui demandait un encadrement complet. L'architecte *Le Vau* le lui donna en construisant deux galeries destinées à relier les deux pavillons, l'une au sud en suivant le fossé de la grande enceinte, l'autre au nord en traversant la grande cour intérieure entre la Sainte-Chapelle et le Donjon. Ces galeries avaient leur toiture soutenue de distance en distance par des colonnes et des arcades doriques ; entre les colonnes, les ouvertures cintrées au sommet étaient garnies de pièces d'artillerie dans la galerie du côté du parc, et dans la galerie de l'intérieur du château, de grilles qui laissaient libre passage aux regards sans le permettre aux personnes.

La grosse tour centrale du midi de la forteresse avait été remplacée par une porte monumentale couronnée de statues et servant pour l'entrée et la sortie des équipages de la cour. Au centre du portique septentrional et faisant vis-à-vis avec cette dernière porte, *Le Vau* avait édifié un arc de triomphe mettant en communication le nouveau château royal avec l'ancienne place.

La cour d'honneur était ainsi limitée au nord par le portique et l'arc de triomphe qui la séparaient de l'ancienne place ; au sud, par le portique et la porte royale du château donnant sur le parc: à l'est, par le Pavillon-de-la-Reine et à l'ouest par le Pavillon-du-Roi. Elle était ornée de pelouses divisées par deux grandes allées formant croix.

L'intérieur des deux pavillons répondait, par sa richesse, à la décoration extérieure ; malheureusement ces bâtiments ont eu, depuis, des destinations si diverses que tout a été changé et, pour en donner une description, nous sommes obligés de citer Poncet de la Grave qui, en 1788, s'exprime ainsi :

« L'aile gauche, en entrant par l'arc de triomphe, est un bâtiment double orné d'un ordre dorique en pilastre : les dedans ont de la grandeur et de la beauté. L'appartement du roi est sur le petit parc ; sur la cour royale est celui de la reine Marie-Thérèse d'Autriche, femme du roi Louis XIV ; à droite du même corps de logis sont ceux du Dauphin et de la Dauphine... — L'appartement du roi, composé de cinq pièces, a été peint par *Champagne* (Philippe de Champaigne), aidé de son neveu.

Louis XIV indiqua à cet artiste, pour les sujets à peindre, la paix des Pyrénées et son mariage avec Marie-Thérèse d'Autriche, infante d'Espagne. Après la salle des gardes, qui est la première pièce, vient la salle à manger, ornée de quatre frises des batailles d'Alexandre, peintes par *Le Mancholle*. Dans la salle du trône, le roi paraît sous la figure de Jupiter, ordonnant à la France d'embrasser la Paix. Tous les actes personnifiés embellissent cette composition : plusieurs de leurs attributs sont placés dans la frise, et désignés par des figures de grandeur naturelle, qui tiennent les chiffres du roi et de la reine.

De la salle des gardes, on entre dans l'appartement de la reine. La première pièce, nommée la salle du foyer, est ornée de quatre paysages et d'une marine de *Borzon ;* ensuite est la salle des dames de la reine. Le même peintre y a peint douze petits paysages avec des marines dans la frise.

Le plafond de la salle du concert est magnifique. Le milieu représente la reine, sous la figure de Vénus, qui donne ses ordre à Mercure ; les Grâces la suivent et Iris l'accompagne. Au-dessous est le groupe des Zéphirs et de Flore. Les quatre morceaux qui l'environnent ont été peints d'après les pièces de tapisserie qui semblent avoir été attachées au plafond ; leurs sujets sont l'enlèvement d'Europe, Mars et Vénus, Apollon et Daphné, Hercule et Omphale. A côté de ces tableaux, diverses figures jouent des instruments : quatre camaïeux en encoignure terminent cette belle composition.

Dans la salle on voit la reine soutenue par Mercure, qui lui montre Jupiter ; un Génie ailé semble aller au-devant d'elle et lui tendre ses bras : différentes divinités sont peintes sur ce plafond ; les chiffres du roi et de la reine occupent les encoignures, des figures ailées leur servent de support, d'autres prennent des fleurs dans des corbeilles peintes par *Baptiste.*

Au plafond de la chambre à coucher, sont Vénus et l'Amour endormis. Le petit oratoire de la reine offre la vie de Sainte-Thérèse, représentée par *de*

Sève, sur les lambris dans des cartouches de fleurs.

Les deux galeries découvertes, et l'arc de triomphe dans le massif duquel on passe, servent de communication à l'appartement de la reine-mère, dont la chambre à coucher a une entrée sur cette galerie. — La salle des gardes est peinte en fleurs et dorures ; dans la salle à manger paraît le Temps, qui soutient un jeune prince et le remet entre les mains de l'Innocence ; des enfants sculptés accompagnent ce tableau, et quatre bas-reliefs achèvent de remplir le plafond de la salle du Conseil, qui est très bien dorée ; on remarque aux encoignures les quatre Parties du Monde avec deux petits tableaux d'enfants qui tiennent des fleurs, et au milieu la Prudence et la Paix.

On voit dans le cabinet d'assemblées un prince soutenu par des Génies, dont le plus grand s'avance vers lui pour le couronner. Les lambris présentent treize morceaux de *Borzon*.

Au plafond de la chambre à coucher sont les vertus théologales, peintes par *Dorigny*, et huit petits tableaux de *Borzon* dans les lambris. L'oratoire de la reine, qui a vue sur le parc, est tout doré, ainsi que le cabinet de toilette donnant sur la cour de derrière.

L'appartement de Monsieur et de Madame est dans l'autre corps de logis, et l'escalier est commun à celui de la reine-mère. La salle des gardes est belle et spacieuse, peinte par compartiments et à fleurs. Le plafond de la salle à manger représente plusieurs sujets d'histoire, avec les chiffres de Monsieur couronnés.

Le salon est superbement doré, et le plafond, fait à compartiments, est orné de plusieurs Nymphes qui folâtrent. On voit dans la chambre à coucher le portrait de Monsieur, dans un médaillon soutenu par la Renommée, avec la légende : *Non nisi grandia canto*. (Je ne célèbre que ce qui est grand.)

Enfin le cabinet, qui est très vaste, est peint par *Champagne* et représente Mars et Bellone.

Les appartements de la reine-mère, du Dauphin et de la Dauphine, de Monsieur et de Madame sont séparés par des retranchements et coupés par des entresols qui les déshonorent et dégradent les superbes peintures que le public ne peut voir.

Le grand escalier du roi est un morceau d'une architecture rare et hardie ; il est digne de la curiosité du public, surtout par sa voussure, par la hauteur de sa cage et la longueur des marches. »

Entre les fossés du côté ouest de l'enceinte et la commune de Saint-Mandé s'étendait le *Petit Parc* qui avait reçu une clôture particulière sous Philippe-Auguste.

On transforma sous Louis XIV ce *Petit Parc* en jardins de plaisance dessinés à la française ; ces nouveaux jardins royaux renfermaient une orangerie, une glacière, des parterres, des kiosques et des bocages. Ce fut dans ce parc que commencèrent les amours de Louis XIV et de Mlle de La Vallière qui devint et mourut carmélite. Elle se promenait un soir avec plusieurs de ses compagnes dans un des bocages du parc et parlait d'un ballet qui venait d'avoir lieu. Ses camarades vantaient beaucoup et louaient plusieurs de ceux qui y avaient dansé. « Peut-on voir de tels hommes, s'écria La Vallière, quand ils sont auprès du roi. » Louis XIV, qui se trouvait seul dans le parc, l'entendit et, ravi d'être ainsi aimé pour lui-même, l'amour s'empara de lui à son tour. «Mais, dit l'historien des *Maisons royales*, le roi, timide encore, cacha avec soin une passion qui pouvait être traversée ; mais il fallait du moins en instruire celle qui l'avait fait naître et cela n'était pas facile : un heureux hasard servit son amour. Toute la cour était revenue à Vincennes et se promenait dans le parc : la pluie sembla ménager un tête à tête à Louis : tout se dispersa ; chacun courut chercher un abri ; les deux amants restèrent les derniers, La Vallière, parce qu'elle était boiteuse ; Louis, parce qu'on ne va jamais plus vite que ce qu'on aime.

« Le roi offrit la main à Mlle de la Vallière, d'abord interdit par la timidité d'une véritable passion ; ensuite enhardi par la certitude d'être

aimé : il exprima tout l'amour dont il était pénétré ;
il lui avait promis de la conduire par le chemin le
plus court ; mais il s'oublia si bien qu'il resta une
heure avec elle, le chapeau à la main, la pluie sur
la tête.

« Il lui en avait trop dit pour n'être pas en droit
de lui écrire [1]. »

Arsène Houssaye place dans le parc de Fontainebleau la scène des bosquets que la plupart des historiens affirment pourtant s'être passée dans le petit parc du château de Vincennes. Il est d'accord avec eux, cependant, pour placer en ce dernier endroit la suite de l'aventure qu'il raconte en ces termes [2] : « Il fallait pourtant bien que le roi se déclarât. Le ciel sembla se mettre de son parti. Un jour qu'on se promenait dans le parc de Vincennes, un orage éclate soudainement et disperse toute la cour. C'est à qui trouvera plus vite un abri sous les ramées, dans les grottes, au château même ; mais on était loin du château. Deux personnes furent mouillées et virent de près les éclairs. C'étaient Mlle de La Vallière, qui boitait, et Louis XIV, qui voulait boiter du même pas. Il s'approcha d'elle, le chapeau à la main, et lui offrit galamment le bras. Mlle de La Vallière posa sa main

---

[1] Poncet de la Grave, *Mémoires sur les Maisons royales*.
[2] Arsène Houssaye, *Mademoiselle de La Vallière*.

nue sur le velours et se laissa conduire. Le roi lui dit : « Nous allons au château ». Mais presque au même instant il prit un chemin qui s'éloignait encore du château. La pluie ne tombait plus guère, mais le vent venait par secousses secouer sur leurs fronts les ondées recueillies par les branches. « Mon cœur attendait cet orage, dit le roi en pâlissant. Ne savez-vous donc pas que je vous aime, madame ? — Chut ! je pourrais vous entendre », dit M{}^{lle} de La Vallière en rougissant.

Le roi, heureux de cette première attaque, voulut continuer la campagne ; par un mouvement rapide du bras, il fit tomber sur sa main la main de M{}^{lle} de La Vallière. Le tonnerre les eût frappés tous les deux sans les émouvoir davantage. M{}^{lle} de La Vallière retira sa main, mais le regard du roi fut si suppliant qu'elle la replaça sur le velours. Comment ne pas obéir à Louis XIV, quand Louis XIV a son chapeau à la main ? Le roi osa confier à la jeune fille tous ses battements de cœur, tous ses rêves de roi et de berger, toutes ses pâleurs subites depuis ce soir où il avait surpris le secret de Diane[1]. « Sire, dit tout à coup M{}^{lle} de La Vallière, nous nous sommes trompés de chemin. — Non, dit le roi, je vais où je veux aller. — Mais Votre

---

[1] On a longtemps dit à la cour le *secret de Diane*, pour parler du secret de M{}^{lle} de La Vallière, rappelant ainsi qu'elle avait parlé devant la statue de Diane (A. Houssaye).

Majesté ne voit donc pas que je suis toute mouillée ?
— Comptez les gouttes de pluie, dit le roi, je jure de vous donner autant de perles. »

Nous n'avons pas l'intention de suivre tout au long l'histoire de ces royales amours, qui, abandonnant notre cadre local, se continueront à Versailles. Nous avons seulement voulu fixer le lieu et l'époque où eurent lieu les commencements de cette célèbre aventure qui, pour Mlle de La Vallière, devenue sœur Louise de la Miséricorde, se termina si tristement au couvent des Carmélites de la rue Saint-Jacques.

Après le siège de La Rochelle, on fit visiter à Cromwell le donjon et les cachots qu'il renfermait ; on lui apprit que plusieurs princes y avaient été enfermés : « Quel coup pour des princes ! disait-on au futur protecteur des trois royaumes. — Mauvais coup, répondit-il, on ne doit frapper les princes qu'à la tête. »

Dans la nuit du 30 décembre 1654, la tour du Gouvernement, située au-dessus de la porte donnant communication du côté de l'est avec le bois, et qui menaçait ruine depuis longtemps déjà, s'écroula avec fracas, la voûte supérieure entraîna par sa chute les trois autres, écrasant un des concierges, sa femme et ses trois enfants logés dans cette tour. Le jeune roi Louis XIV, alors dans sa seizième année, apprenant ce malheur, vint le même jour à Vincennes, pour voir le désastre et faire secourir, s'il était possible, ces malheureux, mais ce fut inutilement, aucune des victimes ne put être sauvée.

Richelieu et Mazarin eurent, comme la famille royale, leur logement au château de Vincennes. C'est même là que mourut Mazarin, le 9 mars 1661, au rez-de-chaussée de l'extrémité nord du Pavillon du Roi où est actuellement installée l'Ecole d'administration. Mazarin, qui affectionnait beaucoup la résidence de Vincennes, avait conçu pour son embellissement de grandioses projets dont nous parlerons dans le chapitre suivant. C'est à l'issue du service solennel célébré le 11 mars 1661, dans la Sainte-Chapelle de Vincennes, pour le défunt cardinal, que Louis XIV prononça une parole si souvent citée : lorsque le Conseil du Roi lui demanda à qui, désormais, on devrait s'adresser pour les affaires de l'Etat, il répondit simplement : « A moi ». Et, en effet, à partir de ce moment, il gouverna par lui-même.

Bien qu'à cette époque il y eût des prisonniers à gémir dans les cachots du donjon, Louis XIV habita ordinairement le château pendant la régence de sa mère. Quand il eut atteint sa majorité, en 1651, il avait sa résidence habituelle à Paris, mais venait plusieurs fois par semaine à Vincennes. Du jour où il gouverna personnellement, on ne sait plus s'il est à Paris ou à Vincennes, tellement ses allées et venues sont fréquentes d'un lieu à un autre ; il disait, d'ailleurs, à ses courtisans qu'il ne respirait nulle part un air plus salubre et qui le fortifiât davantage ; il ajoutait : « Quand je me sens pesant ou que j'ai mal à la tête, je suis assuré de recouvrer la santé à Vincennes ». Il y donne de nombreuses fêtes, des représentations théâtrales, des concerts : c'est là que l'opéra commença à s'introduire en France. Il y passe en revue, en 1660, entre Montreuil et le village de la Pissotte, toute la milice bourgeoise de Paris, puis les régiments des gardes françaises et suisses, les grands et les petits mousquetaires, les gardes-du-corps, les chevau-légers, les gendarmes et les compagnies de Mgr le Dauphin. Ces dernières revues ont lieu sur l'esplanade du bois, en présence d'ambassadeurs et de ministres étrangers ; elles sont précédées et suivies de festins, de divertissements et de feux d'artifice, souvent tirés sur le donjon.

En 1680, le roi va habiter Versailles et délaisse un peu Vincennes. C'est cependant dans cette dernière place qu'il signe la création de la Compagnie des Indes, la ratification du traité des Pyrénées et, le 22 octobre 1685, cet acte qui porta un coup si funeste à notre commerce en forçant une partie de l'élite de la nation à s'exiler : nous voulons parler de la révocation de l'Edit de Nantes.

Lors du mariage de Louis XIV avec Marie-Thérèse d'Autriche, infante d'Espagne, les jeunes époux vinrent séjourner à Vincennes pendant les préparatifs de leur entrée solennelle à Paris. A cette occasion, on avait dressé à la porte de Paris, du côté de Vincennes, un trône ou haut-dais, sous un arc-de-triomphe, ouvrage de Perrault, flanqué de deux colonnes. C'est là que les jeunes souverains reçurent l'hommage de tous les corps de l'État. Ce monument, que l'on dit avoir été un des plus beaux modèles d'architecture de ce genre, fut démoli dans l'année qui suivit la mort de Louis XIV. Les deux colonnes subsistent seules sur la place appelée aujourd'hui place de la Nation.

En 1686, le roi de Siam, qui commençait à sentir l'influence de l'Europe, envoya au roi des ambassadeurs qui arrivèrent le 29 juin. Ils furent logés au château, où des fêtes furent données en leur honneur. Le peuple de Paris qui, à cette époque déjà, était avide de spectacles nouveaux, vint en foule à Vincennes pour les voir ; cette visite des ambassadeurs donna lieu à un incident qui nous prouve que, si les courtisans de Louis XIV étaient flatteurs et bas, ceux du souverain asiatique ne le leur cédaient en rien : un des envoyés refusa de coucher dans la chambre qu'on lui avait préparée, parce qu'elle était au-dessus de celle du premier ambassadeur porteur de la lettre du roi de Siam au roi de France, et que son devoir lui imposait, disait-il, de se trouver toujours au-dessous de cette lettre.

Le lendemain, on les conduisit visiter la ménagerie à Saint-Mandé et on leur fit faire une promenade dans le parc. En rentrant, ils parcoururent le château et visitèrent les tours. Pendant leur séjour à Vincennes, qui dura quelques jours, ils furent gardés par les gardes suisses du roi.

Outre la construction du Pavillon de la Reine, dont nous avons déjà parlé, de nombreux travaux furent exécutés à Vincennes sous Louis XIV. Voici, par ordre de date, les plus importants :

1667-68. — Clôture du Parc sur le plateau de Saint-Maurice, depuis la porte de Saint-Maur jusqu'à Charenton, et, en retour d'équerre, jusqu'à la Demi-Lune sur Saint-Mandé.

Mêmes années et suivantes. — Continuation des murs de soutènement de la chaussée commencée en 1660 entre l'Arc-de-Triomphe du Trône de Vincennes. Transports réitérés des terres pour la chaussée de la grande avenue. Achèvement de cette chaussée, en 1671, par Robert Anglard, maçon. L'année précédente, les sieurs Bollard et Chaussée avaient planté les arbres servant de bordure à l'avenue.

Le pavage de cette route royale n'eut lieu que sous Louis XV.

Une pépinière d'ormes avait été créée à Vincennes en 1668.

Des recherches d'eau vive pour le château de Vincennes furent faites à Montreuil la même année, et, à plusieurs reprises, les années suivantes dans les coteaux du voisinage.

En 1670, Louis XIV racheta du sieur Palaiseau 7 arpents, 75 perches de terrain qui avaient été enclavés dans la nouvelle clôture du Parc ; prix : 2.253 livres 7 sols 6 deniers.

En outre, le roi ajouta au Parc plusieurs terres qu'il acheta aux sieurs Charles de Lamarre et consorts, 12 arpents, pour la somme de 4.671 livres 9 sols ; aux dames religieuses de la congrégation de Notre-Dame, établies à Charonne, 17 arpents, 47 perches, pour 16.771 livres ; à Etienne Chevreau et consorts un terrain appelé la Butte des Vignes, situé dans la grande avenue de Vincennes, entre la Tourelle et le bailliage, sans indication de prix.

En 1676, Louis XIV publia l'édit suivant portant érection de Vincennes en capitainerie royale :

« *Nous avons créé et érigé une Capitainerie de nos chasses et plaisirs en notre château de Vincennes, qui sera composée d'un capitaine dont nous unissons et incorporons la charge à perpétuité à celle de Gouverneur, dont nous avons pourvu notre dit Cousin le duc de Mazarin, sans que, pour quelque cause que ce puisse être, elle puisse être par nous désunie, d'un lieutenant, un procureur pour nous, un exempt, un greffier, quatre gardes à cheval, deux à pied, un renardier et un faisandier, dont la juridiction en première instance, sauf l'appel en notre Conseil, aura son ressort et étendue dans le parc dudit château de Vincennes et sur les villages et territoires de Montreuil, la Pissotte, Conflans, Charenton, Nogent, Fontenai, Rôni, Noisi, Romainville, Charonne et Bagnolet, lesquels composent la dépendance du dit Gouvernement de Vincennes ; toute laquelle étendue et territoire et les dits onze villages situés en icelle, nous avons à cette fin désunis et démembrés de toute autre capitainerie ; auxquels capitaine, lieutenant et autres officiers, nous avons attribué et attribuons les mêmes pouvoirs dont jouissent les commensaux de notre Maison. Signé :* Louis, *et par le Roi,* Colbert ; *visa,* d'Aligre.

En 1684, le corps de Mazarin, qui était demeuré jusque-là dans le compartiment de la Chapelle, adossé au côté méridional du sanctuaire, fut, en exécution du testament laissé par le cardinal, transféré au collège des Quatre-Nations récemment achevé, à Paris, dans les conditions testamentaires.

En 1706, on transporta à Versailles la ménagerie située près de la porte de Bel-Air et qui servait d'entrée au Parc.

Dans les dernières années du règne, la Cour

ayant définitivement abandonné Vincennes pour Versailles, le château et le parc furent momentanément délaissés pour ne servir de résidence royale que pendant quelques mois au commencement du règne de Louis XV.

Adieu les brillants équipages qui, naguère, sillonnaient la route de Paris ; adieu les élégants seigneurs et les dames aux riches atours. Plus de divertissements luxueux, plus de revues éclatantes, plus de vibrantes fanfares de chasse... Le temps des splendeurs est passé pour Vincennes.

CHAPITRE VIII

Mazarin à Vincennes. Ses projets pour l'embellissement du château et du parc. Les derniers jours du cardinal.

Le cardinal de Mazarin séjourna au château à différentes reprises et affectionnait tout particulièrement cette résidence. Il avait fait terminer les nouveaux bâtiments, en avait ordonné la décoration intérieure et, par ses soins, le parc avait été transformé et aménagé.

Il n'avait rien négligé de tout ce qui pouvait servir à l'agrément et à la défense de cette demeure dont il avait fait sa résidence d'été. Il l'avait transformée à l'intérieur en habitation princière, afin de pouvoir, de temps à autre, y recevoir dignement Louis XIV. Par ses ordres, Philippe de Champagne avait décoré les murs des salles d'une série de peintures, et Colbert avait fait dessiner, autour du château, d'immenses parterres à compartiments remplis de fleurs. Enfin de vastes dépendances, avec étables et écuries pour les plus belles races de vaches et de chevaux, avaient été construites derrière le donjon [1].

Le roi n'était pas mieux gardé que son premier ministre. Le donjon était garni d'une excellente artillerie et les abords du château protégés par les mousquetaires à cheval de Mazarin et par des pelotons de ses trois cents gardes à pied, portant « une petite mantille rouge », à ses armes relevées en broderie sur l'épaule [2]. Tout cela devait donner à réfléchir aux vieux frondeurs qui auraient eu quelque envie de tenter un coup de main sur la personne de Son Eminence [3].

Mazarin avait formé, pour embellir Vincennes et en faire une habitation vraiment royale, des projets qu'il ne put mettre à exécution. Il avait résolu d'y établir des eaux semblables à celles qui ornent et animent aujourd'hui les parcs de Versailles et de Saint-Cloud et d'y faire tout ce qui fut fait en ces endroits à grand renfort de millions.

Le cardinal aurait fait construire, dans la partie nord du château, deux pavillons semblables à ceux qui existent encore aujourd'hui du côté du polygone ; ces quatre pavillons auraient été réunis par des galeries rustiques. Les tours auraient été rasées

---

[1] *Le Palais Mazarin*, par le comte de Laborde.
[2] Lettre de Guy Patin à Falconet, 6 mai 1659.
    R. Chantelauze, *Les derniers jours de Mazarin*.

à la hauteur des remparts ; la Sainte-Chapelle aurait été démolie et reconstruite dans le bois ; enfin, le Donjon aurait été affecté à la conservation des archives de l'Etat.

Mazarin avait encore de plus gigantesques projets en ce qui concernait le parc et les environs. Ces projets nous sont énumérés par *Poncet de la Grave*, dans la préface de ses *Mémoires sur les maisons royales* : « La Marne devait être coupée à Chelles, et un canal formé pour la conduire dans le village de Vincennes. On devait couper les terres de la grande allée vis-à-vis la porte royale à travers le bois, à pente douce et insensible dans toute la largeur du château et des fossés ; la maison des frères de la Charité, qui borne la vue de cette belle allée, détruite et portée aux Minimes dans le bois ; cette opération, outre la vue immense qu'elle procurerait, faciliterait le moyen de se servir de la Marne pour terminer le parc et offrir une pièce d'eau vive qui eût pris son alignement depuis le château de Beauté jusqu'aux Carrières-Charenton ; les terres qui auraient été coupées dans la grande allée devaient être jetées sur les deux côtés et former deux terrasses parallèles et gazonnées sur lesquelles on eût planté de grandes et superbes allées. Les derrières, en ménageant une route de chaque côté, étaient destinés pour être donnés à des seigneurs de la cour, à condition d'y bâtir des hôtels uniformes ; le milieu de l'allée, vis-à-vis l'arc de triomphe, eût été un canal ayant sa décharge dans la Marne à l'extrémité du bois, et les eaux dont il eût été pourvu abondamment par cette rivière, passant dans la basse-cour du château, l'eussent rendu propre à soutenir des gondoles pour les amusements de la famille royale; les fossés auraient été remplis d'une eau vive et pure, et deux canaux, formés de chaque côté de l'avenue de Paris, en raccourcissant le transport des denrées dans la capitale, lui auraient procuré un volume d'eau suffisant pour les fontaines publiques, aussi bien que pour les maisons des particuliers. La chute des eaux du canal eût formé autour de Paris un abri pour les bateaux et la décharge finale devait être au-dessous de la porte de la Conférence.

« Le cardinal de Mazarin avait encore porté ses vues plus loin : il voulait prendre les terres dans la longueur du château, depuis Vincennes et Saint-Mandé jusqu'à Paris, et sur ce terrain, dont une partie appartenait au roi, faire planter des allées, des bosquets et des bois de décoration jusqu'à la porte du Trône, pour servir de promenade aux habitants de Paris ; une chaussée parallèle à celle du grand chemin actuel eût été construite hors de ces bois pour faciliter les abords du château ; l'une était destinée pour l'arrivée, l'autre pour le retour, de sorte qu'on eût évité toutes sortes d'embarras.

« Ce beau projet périt avec le cardinal. Le Trône, monument immortel commencé à la barrière qui en a depuis conservé le nom, fut détruit ; la chaussée immense et construite à grands frais pour former la route publique ne fut pas continuée ; la plantation fut même suspendue, comme si le cardinal eût emporté au tombeau l'esprit et les richesses de la nation. »

Vers les premiers jours de novembre 1660, Louis XIV et la jeune reine, avec leur suite, vinrent s'installer pour une semaine auprès de Mazarin qui, épuisé par les soucis du pouvoir, miné par la maladie, s'efforçait de réagir et de cacher son état qu'il savait fort inquiétant. Il ne négligea rien de ce qui pouvait contribuer aux divertissements de ses illustres hôtes. Il fit venir Molière et sa troupe, qui jouèrent tous les soirs pendant le séjour de la cour. Loret, dans sa *Muze historique*, nous raconte ainsi toutes ces fêtes :

« Depuis sept jours, le roi, la reine,
Sont au beau château de Vincenne,
Pour le temps doucement passer
A se divertir et chasser.

. . . .
. . . .

Durant ces sept jours, l'Eminence,
Modèle de magnificence,
A somptueusement traité
Très bien des gens de qualité ;

Et, dans ce manoir délectable
Il a tenu si bonne table,
Par les soins de Monsieur Colbert,
Esprit rare, intendant expert,
Que, dans les banquets d'Assuère,
On n'eût pas fait meilleure chère.
Outre le plaisir de courir,
De jouer et de discourir,
Quand ce venait vers la soirée,
De mille flambeaux éclairée,
Les Espagnols, par trop mignons [1],
Floridor et ses compagnons,
Sieur Molièr et ses camarades,
Tous gens bien faits, et non maussades,
Représentaient à qui mieux mieux
Des sujets graves [2] et joyeux,
Jouans si bien leurs personnages,
Qu'illec on vit rire des sages.
. . . .
Qui, dit-on, n'avaient jamais ri ;
D'ailleurs, notre porte-couronne,
Qu'un beau feu toujours aiguillonne,
Ne fut (m'a dit certain rimeur)
De sa vie en meilleure humeur [3]. »

[1] Il s'agit probablement de la troupe d'acteurs espagnols que le cardinal avait fait venir d'Espagne après la signature du traité des Pyrénées.

[2] Il est fort probable que Molière donna alors à la cour une première représentation de son *Don Garcie de Navarre*, qu'il devait jouer au commencement de 1661, pour l'ouverture du théâtre du Palais-Royal, mis à sa disposition par le roi. (Chantelauze).

[3] *La Muze historique*, de Loret, édition Livet, t. III, p. 281.

Après le départ de la cour, Mazarin resta à Vincennes, retenu par la maladie, fréquemment assailli de cruels accès de goutte. Il reçut souvent la visite du roi et des deux reines, Anne d'Autriche et Marie-Thérèse, qui passaient plusieurs jours auprès de lui. Bientôt, Marie-Thérèse fut retenue à Paris par l'état avancé de sa première grossesse et Anne d'Autriche resta seule à Vincennes pour y donner tous ses soins au cardinal [1].

Mme de Motteville nous raconte ainsi dans ses *Mémoires* les derniers moments de Mazarin :

« En 1661, le vendredi onzième février,[2] le cardinal Mazarin étant alors à Vincennes se sentit en mauvais état. Il envoya le duc de Navailles au roi lui mander qu'il était fort malade, et qu'il souhaitait de le voir. Le roi pleura avec ce duc, disant qu'il perdait beaucoup, que si le cardinal avait vécu encore quatre ou cinq ans, il l'aurait laissé capable de gouverner son royaume, qu'alors il demeurait embarrassé, ne sachant à qui se confier et que son plus grand désir était de faire lui-même ses affaires. Cette nouvelle fit que toute la cour revint de Saint-Germain à Paris, d'où le roi alla aussitôt à Vincennes. La reine-mère alla l'y rejoindre et

---

[1] *Mémoires* de Mlle de Montpensier, édition Charpentier, t. III.
[2] Mme de Motteville, *Mémoires pour servir à l'histoire d'Anne d'Autriche.*

fut servie par les officiers de la reine sa fille, parce qu'elle n'y mena point les siens.

« Ce même jour, onzième, on avait donné de l'émétique au cardinal, sur le soir, qui l'avait fort soulagé ; c'est pourquoi on lui en redonna le treize, dont il se porta mieux, un jour ou deux ; mais aussitôt après il retomba dans ses mêmes maux.

«... Le vingt-deuxième février le roi et la reine-mère, qui étaient à Vincennes, allèrent un matin voir le cardinal. Ils le trouvèrent plus mal ce jour-là, et plus oppressé. Il leur parla de sa mort, et leur dit des choses touchantes. Le roi et la reine-mère y furent deux heures, et en sortirent pleurant et attendris.

« Sur la fin de février, le cardinal empira tout à fait, et, ne sachant où jeter ses innombrables trésors, il fiança sa nièce Mancini, qui était revenue à la cour, au connétable Colonne, avec une dot de cent mille livres de rente en Italie et sa belle maison de Rome qu'il leur laissa... Le ministre fit épouser Hortense Mancini au Grand Maître, en le faisant héritier de ses biens, et lui fit quitter son nom de la Porte, qui de soi était médiocrement honorable, et l'obligea de prendre celui de Mazarin avec des biens et des établissements prodigieux. Depuis longtemps le Grand Maître, fils du maréchal de la Meilleraie, était amoureux de Mademoiselle Hortense, et avait refusé la comtesse de Soissons, espérant d'avoir sa cadette ; mais le cardinal gardait cette cadette, qui était belle, pour des rois, ou du moins pour des souverains. Jusque-là il avait montré de l'aversion à la lui donner, et ne paraissait pas estimer sa personne, mais la mort, qui le prenait à la gorge, ne lui donnait pas le temps d'accomplir, en ses nièces qui lui restaient à marier, la grandeur de ses désirs, il fallut qu'il prît le Grand Maître comme son pis aller.

« Il était déjà fort riche car son père, par la faveur qu'il avait eue auprès du cardinal de Richelieu comme son parent, avait de grands biens et de grandes dignités. Il parut heureux d'être porté par la fortune à la jouissance de cette grande dépouille, mais ce n'est pas être heureux que d'être trop riche. Le cardinal Mazarin avait toujours conservé une grande reconnaissance des obligations qu'il avait au feu cardinal de Richelieu, son bienfaiteur.

« Ses premiers désirs, après avoir fait venir ses nièces d'Italie, avaient été pour le duc de Richelieu, neveu du défunt ministre, mais la duchesse d'Aiguillon, sa tante, l'avait méprisé, et on crut alors qu'en mourant, il se consolerait de la nécessité qui le forçait de prendre le Grand Maître pour son héritier, à cause que le maréchal de la Meilleraie était parent du cardinal de Richelieu, et qu'il avait toujours été son ami dans le temps de sa faveur passée.

« Le troisième jour de mars, deuxième jour de carême, j'allais à Vincennes. Le cardinal de Mazarin, qui s'était mieux porté depuis un jour ou deux, s'était trouvé si mal ce même matin, qu'il avait fallu lui faire recevoir le saint viatique. La reine-mère fut réveillée avec cette nouvelle, elle l'entendait hurler les nuits, parce qu'il était logé de l'autre côté de sa chambre, et son mal était de cette nature qu'il étouffait continuellement.

. . . .

« Le cinquième jour de mars, on ordonna les prières publiques des quarante heures, par toutes les églises de Paris, pour le cardinal ; ce qui ne se fait d'ordinaire que pour les rois. Mme la Princesse palatine lui envoya, à son extrême regret, la démission de sa charge de surintendante de la maison de la reine, qu'il donna à la comtesse de Soissons. Il voulut, avant que de mourir, laisser ses deux nièces dans ces deux postes, qui sont beaux.

« Le cardinal laissa au Grand Maître, en ses gouvernements, en sa Maison de Paris toute meublée, et en argent, des sommes innombrables et, outre ces grands biens, il avait marié la princesse de Conti, Mme de Modène et la comtesse de Soissons et leur avait donné à chacune une grande dot. Il laissa deux cent mille écus à la petite Marianne, la dernière de ses nièces, et le gouvernement d'Auvergne pour celui qui l'épouserait. Pour son neveu Mancini, quoiqu'il le déshéritât, ne le croyant pas digne de porter son nom, ce neveu déshérité ne laissa pas d'avoir la principauté ou duché de Ferreti en Italie, le duché de Nevers en France avec une partie de sa maison et beaucoup d'autres biens. Il donna à chacun de ses petits-neveux de Mercœur de grands revenus en bénéfices et fit donner à tous ses amis des gouvernements, des évêchés et de l'argent. Il rétablit le duc de Lorraine dans ses Etats, en partie pour le récompenser de ce qu'il avait voulu être son neveu, honneur qu'il avait refusé, et chacune de ses recommandations ou de ses louanges firent alors la destinée des plus grands seigneurs du royaume. Il fit son testament et le signa le sixième jour de mars, et comme il avait déjà reçu le saint viatique, il montra de vouloir donner le reste de son salut. Il envoya quérir Monsieur Joli, curé de Saint-Nicolas-des-Champs, homme de grande réputation, et le pria de ne plus le quitter. Il montra d'avoir des sentiments de piété et demanda miséricorde, mais tous ceux qui disent : Seigneur, Seigneur, n'entreront pas au royaume des cieux...

« Le Jeudi, troisième jour de mars, qui fut le jour qu'il communia, la reine-mère me fit l'honneur de me dire, en présence du roi, que le cardinal était lors bien petit devant Dieu ; qu'il avait de grands sentiments d'humilité et qu'elle espérait que Dieu aurait pitié de lui....

« Ce ministre montra beaucoup de fermeté et de tranquillité d'esprit dans ces derniers jours. Il travailla avec Le Tellier sur les affaires de l'Etat. Le quatre et le six il fit même des dépêches pour Rome, qu'il signa. Sa fin fut accompagnée d'honneur par les larmes du roi, d'opulence par les biens qu'il laissa à sa famille et à ceux qu'il voulut enrichir, et de fermeté par la bonne mine qu'il fit à la mort.

« Le septième jour de mars, il reçut l'extrême-onction ; après avoir pris congé du roi, de la reine-mère et de Monsieur, qu'il supplia de ne prendre plus la peine de le venir voir, il donna au roi dix-huit gros diamants, un fort beau diamant à la reine-mère, un bouquet de diamants à la jeune reine, et plusieurs émeraudes d'une prodigieuse grosseur à Monsieur.

« Il donna un diamant au prince de Condé, avec beaucoup de louanges, et de grandes marques de son amitié, et un au maréchal de Turenne, et laissa pour successeurs au ministère ceux que j'ai déjà nommés. Ensuite de toutes ces choses, il pria Monsieur Joli, curé de Saint-Nicolas-des-Champs, de ne plus le quitter. Il ne s'était point confessé à lui ; mais il ne parut ne penser plus qu'à sa conscience. Son confesseur ordinaire était un théatin, homme simple, et d'une singulière piété, mais qui peut-être ignorait les périls où peuvent tomber ceux qui ont trop adoré la fortune, la faveur et les richesses. Il voulut dans cet état envoyer à l'assemblée du clergé l'évêque de Poitiers, pour les prier de croire qu'il mourait leur serviteur.

« Elle en fut si reconnaissante qu'ils voulurent tous l'en aller remercier, mais ils ne le purent voir. Il en fit autant au Parlement, les envoyant assurer qu'il mourait leur serviteur. Il reçut l'extrême-onction dans sa chaise, y répondit lui-même et remercia ceux qui la lui avaient administrée. Il fit venir tous ses domestiques, il se fit voir à tous, ayant la barbe faite, étant propre et de bonne mine, avec une simarre couleur de feu, sa calotte à la tête comme un homme qui voulait braver la mort.

« Il leur parla fort chrétiennement, leur demanda pardon avec de grandes marques d'humilité, et confessa qu'un de ses crimes devant Dieu avait été la colère et la rudesse qu'il avait eue pour eux. Il leur dit à tous ce qu'il leur laissait, et fit toutes ces choses d'une manière douce et obligeante. Il embrassa ses amis et leur fit des compliments. Au milieu de cette occupation une faiblesse le prit ; il dit : « *Je m'affaiblis ; qu'on me donne un peu d'eau de Grenade* ». Après en avoir pris, il dit : « *Je reviens* » et continua de parler à ceux qui étaient présents... »

Un mieux sensible se fit alors sentir et persista pendant deux jours ; on crut même un instant que le cardinal allait revenir à la santé, mais, le 9 mars, à deux heures du matin, ses souffrances le reprirent et il ne tarda pas à expirer en disant : « Ah ! Sainte Vierge, ayez pitié de moi, et recevez mon âme ! »

Le corps du cardinal fut exposé pendant deux jours aux regards du peuple. Le 9 et le 10 mars, une foule immense se précipita sur le chemin de Vincennes, avide et curieuse de se repaître d'un tel spectacle. Tous les mémoires du temps sont unanimes pour dire qu'elle y montra plus de contentement que de tristesse. « Le 11, le corps du cardinal fut porté à l'église de Vincennes, où son service fut fait sans beaucoup de cérémonies [1] », et en attendant qu'il pût être transporté dans la chapelle du *Collège des Quatre-Nations*, on le déposa dans le caveau de la Sainte-Chapelle du château où il resta jusqu'en 1684.

[1] *Mémoires* de M™ de Motteville.

CHAPITRE IX

Vincennes sous Louis XV. — Replantation du bois. — La pyramide commémorative. — La manufacture de porcelaine de Vincennes. — Fabrique d'armes au château.

Peu de temps avant sa mort, le 13 avril 1715, Louis XIV avait ajouté à son testament un codicille dans lequel il ordonnait de faire conduire à Vincennes, *l'air y étant très bon*, son jeune héritier dès que celui serait devenu roi par suite de la mort de son aïeul.

Le 25 août, Louis XIV déclara de nouveau publiquement qu'il voulait qu'aussitôt qu'il aurait expiré, on menât le dauphin à Vincennes, il décida également que le jeune roi allant à Vincennes, passerait par Paris et irait au Parlement pour assister à l'ouverture de son testament. Il indiqua même l'appartement qu'il devrait occuper au château et ordonna l'arrangement des autres logements qu'il fit meubler de suite.

Sept jours après, le 1er septembre 1715, le roi-soleil expirait. Chacun sait que la plupart des clauses importantes de son testament restèrent sans exécution, mais le codicille concernant la résidence de Louis XV fut observé, du moins en apparence. C'est que ce codicille servait les projets du Régent, qui voulait faire abandonner à la cour Versailles pour les Tuileries ; sous prétexte d'obéir aux dernières volontés de Louis XIV, il fit bien conduire le jeune Louis XV à Vincennes, mais, cent douze jours après, il lui fit quitter Vincennes pour Paris.

C'est au château que Louis XV, qui n'avait alors que cinq ans, reçut les compliments et les soumissions des députations des villes et des provinces, des grands corps de l'Etat et des ambassadeurs. Le conseil de régence siégea également à Vincennes.

Le 12 septembre, le roi partit de Vincennes pour aller au Parlement tenir son lit de justice ; son carrosse était précédé de deux compagnies des Mousquetaires et des chevau-légers de la Garde et suivi des Gardes du corps et de gendarmes auxquels se joignirent, à l'entrée du faubourg Saint-Antoine, les gardes de la Prévôté et les Cent-Suisses. Il revint dîner à Vincennes, qu'il quitta définitivement le 30 décembre, pour aller habiter les Tuileries.

Pendant la résidence du jeune roi à Vincennes, il fut accordé au chapitre, pour les dépenses extraordinaires, vin, cire et feu dans la sacristie, six bûches et quatre fagots par jour, une pinte de vin et une livre de cire.

En 1725, on mit le château à la disposition de la reine douairière d'Espagne, veuve de Louis Ier, qui venait se fixer en France ; elle y séjourna jusqu'au 23 décembre de l'année suivante et alla ensuite habiter le palais du Luxembourg que le roi lui donna pour en faire sa résidence habituelle.

En 1728, par un règlement daté du 28 avril, le roi transféra dans le grand couvent des Cordeliers de Paris l'assemblée des chevaliers de Saint-Michel qui se tenait dans la Sainte-Chapelle depuis Henri II.

En 1731, Louis XV fit abattre et déraciner les arbres du bois ; on laboura le terrain, on sema des glands, on traça et planta des avenues et des ronds-points. Pour rappeler ce reboisement, on éleva sur la route de Saint-Maur, au milieu d'un rond-point, une obélisque en pierre surmontée d'un globe et d'une flèche dorée. Cette pyramide, qui est d'ordre rustique, avec un cartouche sur chacun des côtés, porte sur l'un d'eux cette inscription :

LUDOVICUS XV
VINCENNARUM NEMUS
EFFECTUM
ARBORIBUS
NOVI CONFERI JUSSIT

Sur le côté opposé, on lit :

ALEXANDRO LE FEBVRE
DE LA FALVERE
MAGNO AQUARUM ET
SYLVARUM MAGISTRO
M. DCC. XXXI.

que l'on peut traduire ainsi :

Louis XV ordonna, en 1731, à Alexandre Le Febvre de la Falvere, grand-maître des eaux et forêts, de planter le bois de Vincennes d'arbres nouveaux.

Les deux autres cartouches portent les armes de la Maison de France.

Ce reboisement ne coûta pas moins, dit-on, que un million cent mille livres. Environ deux siècles auparavant, en 1551, Henri II avait déjà fait défricher et replanter le bois. Plus de 14.000 plants de chênes avaient été achetés à Bondy et repiqués ; on avait, en outre, semé des glands, des marrons, des châtaignes et autres graines de différentes sortes d'arbres. Les 14.500 plants livrés par les habitants de Bondy coûtèrent 14 livres 4 sols, ce qui porte le prix du mille à 8 sols.

Aux environs de l'année 1740, deux anciens ouvriers de la manufacture de Chantilly, les frères Dubois, se présentèrent au marquis de Fulvy, ministre des finances, et lui proposèrent d'exploiter avec eux un nouveau procédé pour fabriquer de la porcelaine.

Celui-ci accepta la proposition et intéressa le roi Louis XV à l'entreprise ; celui-ci prêta une partie du château de Vincennes pour y établir un laboratoire et fournit, en outre, une assez forte somme d'argent.

Les premiers essais ne réussirent pas et les frères Dubois furent renvoyés du château à cause de leurs fréquentes et copieuses libations. On les remplaça par un ouvrier fort intelligent, nommé Gravant, qui commença à fabriquer de la porcelaine tendre.

Gravant vendit le secret de cette fabrication au frère du ministre des finances, Orry de Fulvy, qui était alors gouverneur du château. Ce dernier s'associa à Charles Adams, sculpteur renommé ; de nouveaux capitaux furent versés ; une compagnie fut créée et l'entreprise donna des résultats magnifiques. Cette compagnie était protégée par un privilège de trente années et la permission d'établir les ateliers dans le château de Vincennes, pour une durée de trente ans, à partir de 1745.

Le directeur de la manufacture était Boileau,

homme instruit et intelligent, qui sut s'entourer de savants tels que le chimiste *Hellot* et d'artistes comme *Bachelier, Boucher, Van Loo*, qui fournissaient les compositions que plus de cent ouvriers étaient chargés de traduire en porcelaine. Un grand nombre de chefs-d'œuvre furent ainsi fabriqués. En 1753, on fit prendre au roi Louis XV un tiers des actions de la manufacture de Vincennes, qui reçut, à cette occasion, le titre de *Manufacture royale*.

En 1756, la manufacture, ayant beaucoup gagné en importance, fut transportée à Sèvres dans un bâtiment construit tout exprès. Depuis cette époque, l'établissement n'a cessé de prospérer ni de répandre ses merveilleux produits sur tout le globe ; mais, pendant le peu de temps qu'il fut à Vincennes, il s'y créa cependant un grand nombre de chefs-d'œuvre dont on peut voir encore plusieurs spécimens au Musée rétrospectif de Sèvres et même au Musée du Louvre (*Collection Thiers*).

En 1745, eut lieu, le 11 juillet, la bénédiction des cloches de la chapelle royale du château par l'abbé Arrault, trésorier de cette église ; ces cloches furent nommées Louises, au nom du roi, par le marquis du Châtelet, ancien gouverneur du château et par le marquis de Bellefond.

En 1756, paraît un règlement général des chasses de la capitainerie royale du parc de Vincennes, dans lequel on trouve l'article suivant : Défenses à tous seigneurs et gentilshommes, de chasser au fusil ou avec chiens, dans l'étendue de la Capitainerie, à peine de désobéissance et de 1.500 livres d'amende, et contre tous autres, de 100 livres d'amende pour la première fois, du double pour la seconde et du triple pour la troisième ; sinon, à défaut de quoi, si les contrevenants sont insolvables, la première fois battus de verges sous la custode [1], la deuxième en place publique, et la troisième bannis à toujours du lieu de leur demeure, les chiens les jarrets coupés, et les fusils confisqués, sans préjudice de plus grandes peines, en cas de chasses de cerfs, biches, faons, daims, chevreuils ou sangliers. »

On ne badinait pas à Vincennes, en 1756, avec les délits de chasse.

L'année suivante, on installa, dans les locaux récemment abandonnés de la manufacture de porcelaine, une fabrique d'armes d'un nouveau système inventées par un sieur Bourdier. Cette fabrique occupait huit cents ouvriers qu'on avait fait venir de Flandre et de Saint-Etienne. M. de Luzy écrit, en 1758, la lettre suivante à M le Marquis de Marigny au sujet de cette manufacture :

---

[1] Donner le fouet *sous la custode* (sub custodia) pour dire en secret, afin d'épargner au délinquant la honte d'un supplice public.

24 mars 1758.

« Monsieur,

« Les ouvrages de la manufacture des armes continuent avec autant de célérité que la dernière fois que j'eus l'honneur de vous en rendre compte. L'atelier F est fini ; je livrerai demain l'atelier B, avec tous les établis en place. Cela joint avec celui que j'ay eu l'honneur de vous écrire estre fini, c'est de quoy occuper 500 ouvriers ; on travaille à finir les trois derniers ateliers.

« La semaine après celle des fêtes, il arrivera de Saint-Etienne et de Flandre 450 arquebusiers. Cet établissement est réglé à 800 ouvriers parce qu'il est vraisemblable que dans environ deux ans nos ennemis auront ce fusil et qu'alors il en faudra nécessairement pour toutes les troupes. Je juge que cette manufacture est ici à mesure et qu'il faut aviser au moyen de loger les ouvriers qui ne peuvent rester aux appartements royaux ; tous les princes et beaucoup de grands seigneurs ont examiné ce fusil. M. le prince de Soubise, qui l'a vu à Paris chez lui, doit venir bientôt visiter la manufacture ; les fusils faits sont à Paris chez M. du Vanet qui les tient fermés, c'est par sa permission qu'on les fait voir. »

Cette fabrication ne dura que peu de temps et, jusqu'à la mort de Louis XV, arrivée en 1774, nous ne trouvons rien de notable à signaler au château de Vincennes qui retombe dans le délaissement où l'avait laissé le départ de Louis XIV pour Versailles.

CHAPITRE X

Vincennes sous Louis XVI. La basse-cour du château. Erection de Vincennes en commune.

Sous Louis XVI, le château ne va pas retrouver cette splendeur dont il était privé depuis longtemps ; les tours et les remparts sont laissés dans un tel état de délabrement que l'on craint pour leur solidité. Les pavillons du Roi et de la Reine sont seuls dans un état passable de conservation ; on y loge des familles ayant rendu des services à l'Etat ou jouissant de la protection de personnages haut placés.

En 1776, le roi, par lettres patentes du mois de juillet, enregistrées par le Parlement le 5 septembre suivant, confirme les privilèges de la Sainte-Chapelle royale du château et, l'année suivante, il signe un bon par lequel il reconnaît être à sa charge les réparations des maisons canoniales du chapitre de Vincennes situées près de la Sainte-Chapelle et qui tombaient en ruines.

En 1778, le sieur Boudin, arpenteur royal, dresse un plan de la basse-cour de Vincennes qui, nous l'avons déjà vu, s'étendait devant la façade septentrionale du château et était limitée par les rues du Terrier, du Midi et du Levant.

L'angle sud-est de cette immense place rectangulaire était occupé par quelques constructions, entre autres par la maison et les jardins des Dames de la Charité.

Il s'agissait de mettre en valeur toute la partie non bâtie de la place en y ménageant trois voies : une rue principale allant de la *porte* du *Village* à la rue du Midi et à laquelle on donna le nom de *rue Royale* (aujourd'hui rue de l'Hôtel-de-Ville) ; deux autres rues joignant la première aux rues du Terrier et du Levant : la *rue de la Charité* (aujourd'hui rue Lejemptel) et la *rue Neuve* (aujourd'hui rue Saulpic). Ce plan fut exécuté trois ans plus tard, en 1781, et les terrains furent concédés à des particuliers pour y construire des maisons, « de sorte, dit Poncet de la Grave, que l'entrée de ce château, autrefois si noble, est aujourd'hui entièrement masquée par des maisons difformes, bâties sans symétrie, comme sans goût ».

Il est certain que le coup d'œil y perdit, mais le village y gagna beaucoup ; c'est à partir de cette époque, croyons-nous, qu'il commença à prospérer. Déjà des habitations avaient été élevées entre

Vincennes et la Pissotte et avaient réuni ces deux hameaux ; la basse-cour, se couvrant à son tour de maisons, donna une certaine importance à la localité dont la chapelle avait déjà été érigée en cure en 1667 avec messire Anselme Larsonnier, prêtre du diocèse de Meaux, comme premier curé. En 1788, un arrêt du Parlement érigea en commune le hameau dont la cure valait alors 600 livres. Les syndics de la nouvelle commune se livrèrent immédiatement à des travaux d'édilité et firent entièrement paver les rues du village.

Quatre ans auparavant, le donjon avait cessé d'être prison d'Etat ; ses prisonniers avaient été répartis entre la Bastille et différentes prisons : sa garde fut supprimée ; on abolit la charge de gouverneur ; on ne conserva que trente hommes pour la garde du château et pour veiller à l'ouverture et à la fermeture des portes ; on laissa un capitaine et un lieutenant seuls commandants du château. Quant au donjon, on le confia à la simple surveillance d'un concierge *pour ouvrir et fermer les portes au besoin*, dit l'ordonnance.

Le public put jouir de la facilité de visiter les cachots et il profita avec empressement de l'autorisation ; on donnait au concierge une légère rétribution pour sa complaisance ; le jour de fête du lieu, le produit de cette rétribution dépassa la somme de deux cents écus.

Dans la tour du donjon privé de ses prisonniers on installa bientôt une boulangerie dont le pain était vendu un sol meilleur marché qu'au cours ordinaire. Deux fours furent établis dans la tour même et quatre autres dans le jardin qui entourait le donjon.

Dans un local voisin, on établit une manufacture d'outils.

Les remparts et les tours de l'enceinte étaient alors, nous l'avons dit, en très mauvais état et menaçaient ruines ; « dans la nuit du 31 mai au 1er juin 1786, dit une chronique du temps, environ douze toises de mur du rempart du nord, près le pont, s'éboulent, font un fracas horrible, et jettent l'épouvante dans la première cour du château ; le reste n'est pas plus solide et les tours découvertes dont les corniches sont entièrement dégradées, menacent du même événement ; il serait de la prudence de les abattre pour ne pas exposer la vie des hommes qui fréquentent journellement les fossés. ».

La même année, on lit dans la *Gazette des environs de Paris* du 8 août :

« La porte d'entrée de l'Eglise de la Sainte-Chapelle de Vincennes qui subsistait depuis deux cents ans, et portait sur les panneaux supérieurs les armes de France, et sur ceux du bas la lettre H, initiale du nom d'Henri II, qui avait fait finir cette Chapelle, étant tombée en ruine, a été faite dans un genre moderne, simple, mais élégant, le pilier du milieu, qui séparait l'ouverture en deux, a été supprimé avec beaucoup d'art et l'ouverture rendue plus agréable et plus commode, sous les ordres du sieur Collet, contrôleur des bâtiments du Roi audit château et doyen d'iceux pourvus de pareilles places en France. »

Enfin, le 17 mars 1787, M. Feydeau, de Brou, conseiller d'Etat, directeur général des Economats, assisté du sieur Vulpian, inspecteur général du Domaine et du sieur Charlier, huissier ordinaire du roi, se rendent au château, apposent les scellés sur les archives de la Sainte-Chapelle et dressent un inventaire des vases sacrés, des reliques du trésor et des ornements. Le service du culte continue de s'y célébrer, mais les processions des villages voisins ne sont plus admises à faire une station dans la Sainte-Chapelle.

Le château perd ainsi tour à tour toutes ses destinations ; après avoir été demeure royale, prison d'Etat, sanctuaire vénéré, il demeure presque abandonné et à demi ruiné. Ne nous plaignons pas de cet abandon momentané : c'est à lui que le donjon de Vincennes devra de n'avoir pas partagé le sort de la Bastille.

CHAPITRE XI

Vincennes prison d'Etat. — Administration intérieure du donjon.

Le donjon, avec ses murailles de trois mètres d'épaisseur, ses fossés larges et profonds, la galerie couverte qui l'entoure à la base et son unique entrée fermée par trois portes, avait toutes les qualités requises pour devenir une prison sûre et discrète. Les précautions prises par Philippe de Valois et ses successeurs pour empêcher les ennemis d'y pénétrer du dehors pouvaient également servir pour empêcher d'en sortir ceux qu'on y enfermerait. Ce géant de pierre était prédestiné à devenir geôle.

Ce fut Louis XI qui, vraisemblablement, lui donna le premier cette sombre destination ; en effet, un compte de réparations faites au donjon en 1472 nous indique que, dès cette époque, on y mettait des prisonniers d'Etat ; c'est la première fois qu'on le trouve employé à cet usage.

Ce fut le barbier du roi, Olivier le Daim, surnommé encore le Mauvais ou le Diable, qui en fut nommé capitaine-concierge et logé dans la tour du Village; il vécut là en véritable châtelain. Pour embellir son domaine, il fit planter plus de trois mille chênes dans le parc qui avait été coupé en partie sous Charles VI et dévasté plus récemment par les Anglais.

Les appartements royaux des différents étages du donjon furent transformés en cachots ; cette transformation dut se faire aisément, car les logements des châtelains du xive siècle ressemblaient singulièrement à des prisons ; quelques solides portes et de résistants barreaux durent en faire tous les frais.

Certains écrivains se sont plu à faire une lugubre énumération des modifications apportées à l'ancien château ; selon eux, la salle du premier étage devint la salle de la question, on y établit des sièges de pierre pour placer les malheureux destinés à être torturés, on scella dans le mur, de chaque côté, des anneaux de fer pour assujettir leurs membres au moment du supplice, on fit pratiquer des oubliettes et quand tous ces travaux furent terminés, on amena dans des cages de fer plusieurs prisonniers enfermés précédemment à Montlhéry où le roi ne les croyait plus en sûreté. Il est possible que ces raffinements de cruauté aient été en usage à Vincennes à certaine époque, mais, si ce donjon de mélodrame a jamais existé, il faut bien avouer que celui du xviiie siècle n'y ressembla guère. N'oublions pas, en effet, que le donjon de Vincennes, de même que la Bastille, fut la prison élégante, aristocratique, n'abritant que des prisonniers de marque, des princes du sang, de grands seigneurs pour lesquels on avait toutes sortes d'attentions, de riches bourgeois ou des écrivains que l'on voulait ménager et que les gens du peuple étaient plutôt enfermés à Bicêtre ou dans d'autres prisons au régime plus sévère, à la discipline plus rude.

Vincennes, plutôt qu'une prison, est un château où le roi oblige, pour une cause ou pour une autre, certains de ses sujets à séjourner. La plupart de ceux-ci y vivent à leur guise, s'y font servir par leurs propres domestiques, sont autorisés à se promener dans le Petit-Parc, quelquefois même dans le bois ; ils peuvent y recevoir leurs parents et amis et sont l'objet d'une surveillance si peu étroite qu'il suffira à Latude de pousser la porte du jardin pour se trouver libre. Le grand Condé peut, à son aise, se livrer à la culture des œillets, Diderot y reçoit la visite de sa femme, de J.-J. Rousseau et de d'Alembert et va avec eux faire de longues promenades sous les grands chênes du bois ; il reste en communication avec les imprimeurs de l'Encyclopédie qui lui envoient des épreuves à corriger et reçoivent de lui de la copie faite dans sa prison ; certaines nuits, il quitte même le donjon pour aller à Champigny ou à Paris voir sa maîtresse, Mme Puisieux, dont il est très jaloux et réintègre ensuite son cachot avec la quasi-complicité du gouverneur. Le marquis de Mirabeau, enfermé dix jours au château, a un domestique auprès de lui et sa femme le vient voir. Le roi dépense quinze livres par jour, plus de trente francs de notre monnaie, pour son entretien [1]. Les pensions du roi étaient souvent plus élevées encore selon la qualité du prisonnier : pour un maréchal des camps et armées, un commandant ou lieutenant du roi, le gouverneur recevait soixante livres par jour ; pour l'entretien d'un marquis, d'un lieutenant général des armées, d'un conseiller des cours souveraines, d'un abbé, d'un commandataire, il touchait soixante-quinze livres ; d'un réchal de France, d'un grand officier de la couronne, d'un gouverneur général de province, quatre-vingt-cinq livres ; d'un duc, d'un comte, d'un évêque, d'un président à mortier, cent livres, et

---

[1] Funck-Brentano. *Légendes et archives de la Bastille.*

enfin, pour des princes ou princesses du sang, pour les archevêques et cardinaux, les pensions du roi étaient de cent cinquante livres par jour. Il faut doubler ou tripler ces chiffres pour connaître la valeur qu'ils représenteraient aujourd'hui.

Avec de pareilles sommes à sa disposition, le gouverneur était en mesure de bien traiter ses pensionnaires ; il est regrettable qu'on n'ait pas retrouvé certains menus des repas faits au donjon par les hauts personnages qui y furent enfermés. Si on en juge par ceux que M. Funck-Brentano a retrouvés dans les archives de la Bastille, qui était une prison de luxe comme celle de Vincennes, on peut penser que bien des pauvres diables en liberté auraient envié le sort des captifs du donjon.

Loin de nous, cependant, la pensée de vouloir faire considérer le donjon de Vincennes comme un nouvel Eden, un séjour de délices : une prison est toujours une prison, si douce qu'elle soit, et ni la bonne chère ni les égards des geôliers ne peuvent compenser la perte de la liberté, mais il faut se garder aussi de tomber dans l'exagération contraire et de dramatiser le séjour dans cette prison qui, avec un aspect terrifiant, avait de si doux accommodements avec certains de ceux qu'elle renfermait.

Le personnel intérieur et fixe du donjon était composé du gouverneur, d'un lieutenant du roi, d'un major, d'un chapelain, d'un médecin, d'un chirurgien et d'un apothicaire. Un cuisinier en chef, deux aides, quatre servants, deux servantes et quatre valets portaient aux prisonniers leur nourriture et tout ce qui leur était nécessaire.

Le château était gardé par des compagnies militaires qui montaient la garde très régulièrement toutes les vingt-quatre heures, envoyaient une ronde toutes les demi-heures et faisaient, le matin et le soir, avant l'ouverture et la fermeture des portes, le tour des fossés. La nuit, les soldats du corps de garde rentraient en dedans ; les ponts étaient levés, les portes des tours fermées et verrouillées et leurs clefs déposées avec toutes les autres dans les mains d'un officier qui entrait et sortait avec la garde et n'avait aucune juridiction dans le donjon.

Deux sentinelles étaient placées de manière à pouvoir veiller sur toutes les faces de la masse carrée que flanquent les tours. Toutes ces précautions n'empêchaient pas les sentinelles du dehors de faire sans cesse circuler les paysans des environs ou les curieux qui s'arrêtaient pour examiner le donjon en leur disant : « passez votre chemin. »

Les chambres des prisonniers, situées, à chaque étage, dans les quatre tours d'angle du donjon, étaient séparées par la vaste salle gothique dont nous avons parlé en faisant la description du château; cette salle servait de promenoir quand la pluie ou un ordre exprès empêchait les prisonniers de descendre au jardin ou au préau.

L'ordre, la police et le traitement des prisonniers appartenaient au gouverneur qui rendait compte de toutes les choses au lieutenant général de police qui faisait son rapport au roi.

C'est généralement en vertu d'une lettre de cachet que l'on était incarcéré au donjon; pourtant, à partir du règne de Louis XIV, on y envoya des prisonniers de qui le procès avait été instruit par des juges régulièrement constitués. De cette époque, on partagea entre la Bastille et Vincennes les accusés qui comparaissaient devant la chambre de l'Arsenal.

Lorsqu'une lettre de cachet avait été signée, on faisait ordinairement procéder à l'arrestation par un exempt de robe courte. Celui-ci, accompagné de cinq ou six hoquetons, se présentait chez la personne qu'il était chargé d'emprisonner, la touchait d'une baguette blanche et la priait avec politesse de monter dans un carrosse qui attendait et qui prenait aussitôt le chemin de Vincennes. A la porte du château la sentinelle criait : « Qui va là ? ». L'exempt répondait : « Ordre du roi ! ». Les soldats de garde devaient se retourner face à la muraille ou rabattre leur coiffure sur les yeux. Le carrosse s'avançait, une cloche tintait. « On y va ! »

criait l'officier de service. Le pont-levis s'abaissait. Sous le guichet on se voyait entouré de murailles énormes et l'on se trouvait au pied du donjon. Là une seule entrée, avec deux sentinelles et trois portes ; celle qui communiquait au donjon ne pouvait s'ouvrir, ni du dedans ni du dehors, que par l'entremise du porte-clefs ou du sergent de garde ; l'un sans l'autre n'eût pu y réussir. Là commence l'escalier qui mène aux tours, et trois portes fermaient encore cet escalier.

Mirabeau, qui fut enfermé quelque temps au donjon, fait dans son mémoire sur *les Lettres de cachet* le récit de l'arrivée d'un prisonnier et donne les détails suivants sur la manière dont il était traité :

« C'est ordinairement la nuit qu'il y est plongé, car on s'accoutume en France à la méthode espagnole qui du moins, est une sorte d'hommage que le despotisme rend à l'opinion publique et à l'équité ; il craint d'exciter trop souvent l'indignation ou la terreur ; il craint que le soleil n'éclaire ses violences. La faible lueur d'une lampe vraiment sépulcrale éclaire les pas du captif. Deux conducteurs, semblables à ces satellites infernaux que les poètes placent dans le Ténare, guident sa marche. Des verrous sans nombre frappent ses oreilles et ses regards ; des portes de fer tournent sur leurs gonds énormes et les voûtes retentissent de cette lugubre harmonie. Un escalier tortueux, étroit, escarpé, allonge le chemin et multiplie les détours ; on parcourt de vastes salles ; la lumière tremblante qui perce avec effort dans cet océan de ténèbres et laisse apercevoir partout des cadenas, des verrous et des barres, augmente l'horreur d'un tel spectacle et l'effroi qu'il inspire. Le malheureux arrive enfin dans son repaire : il y trouve un grabat, deux chaises de paille et souvent de bois, un pot presque toujours ébréché, une table enduite de graisse... et quoi encore ?... Rien... Imaginez l'effet que produit sur son âme le premier coup d'œil qu'il jette autour de lui..... Le malheureux patient est dépouillé de tous ses effets : argent, montre, bijoux, dentelles, porte-feuille, couteau, ciseaux ; tout lui est enlevé. Pourquoi ? Je l'ignore...

« Suit une injonction laconique et hautaine d'éviter le bruit le plus léger... C'est ici la maison du silence, dit le commandant... Hélas ! le malheureux auquel il parle se demande si ce n'est pas plutôt celle de la mort.

« Une fois incarcéré, on donnait au prisonnier un bouilli et une entrée ; le menu était le même pour toute l'année ; cependant, le jeudi il y avait un rôti et une entrée à souper. De plus, on avait droit à une livre de pain et une bouteille de vin par jour.

« Les prisonniers qui voulaient se nourrir à

leurs frais payaient trois livres par repas ; ils n'en étaient pas beaucoup mieux pour cela. On donnait aussi à chaque détenu quatre serviettes et deux torchons par semaine, une paire de draps par mois; six chandelles par semaine en été et huit en hiver. Il leur était interdit de posséder un couteau dans la prison ; ils étaient obligés de dépecer la viande avec leurs doigts et à l'aide d'une fourchette d'étain. Ils dînaient à 11 heures du matin et soupaient à 5 heures du soir, dans toutes les saisons, ce qui les laissait dix-huit heures sans prendre aucune nourriture et six heures seulement entre chaque repas.

« La nourriture était non seulement insuffisante mais encore de mauvaise qualité et c'est ce chapitre qui formait le plus clair des revenus du Gouverneur. Lorsque le lieutenant-général de police venait au Donjon pour y faire l'inspection qui lui incombait, il était tout d'abord reçu chez le commandant où l'attendait un splendide repas. L'amphitryon laissait entrevoir que son cuisinier était celui du Donjon, ce qui donnait à l'inspecteur une bonne impression ; puis, lorsqu'il était bien restauré, il faisait la visite des cachots où il passait à peu près une heure et ne voyait à peine que la moitié des prisonniers; ceux-ci, occupés avant tout de solliciter leur mise en liberté, ne pensaient même pas à se plaindre du traitement et, chaque année, le roi recevait de magnifiques rapports sur les prisons d'Etat. Pour obtenir quelques feuilles de papier à lettre, il fallait faire plusieurs demandes au gouverneur, par l'intermédiaire d'un porte-clefs ; au bout de quelques mois, on obtenait enfin ce papier paraphé et numéroté ; il était interdit de cacheter ses lettres, même quand elles étaient adressées au lieutenant de police ou à un ministre. Pour obtenir un livre, il fallait ouvrir de nouvelles négociations : le gouverneur ne voulait prêter qu'un volume à la fois ; lorsque celui-ci était lu, il fallait attendre assez longtemps avant d'en obtenir un autre ; enfin, on ne prêtait aucun livre qui ne portât la mention *avec privilège et approbation*, lors même cet ouvrage eût été l'œuvre d'un des pères de l'Eglise.

« Chaque jour, on permettait à quelques prisonniers (les plus favorisés), de sortir dans un jardin de trente pas situé au pied du Donjon.

« Ceux-ci étaient accompagnés de leur porte-clefs qui ne devait pas les quitter un instant, ni leur adresser la parole. On pense bien que le porte-clefs faisait tout ce qu'il pouvait pour que la promenade, qui était pour lui une corvée, eût la plus courte durée possible. . . . .

« Telle est la vie que l'on mène dans ce sépulcre appelé Château, où les chagrins vengeurs et les pâles maladies, et la tristesse et précoce vieillesse ont fixé leur demeure et dont on ne sort le plus souvent que pour aller dans cet asile sûr où l'on brave la tyrannie ; où l'on dépouille la douleur ; où la superstition même perd ses craintes ; où Dieu, plus indulgent et plus juste que les hommes, pardonne à nos faiblesses et punit nos tyrans ; où, plongés dans un éternel sommeil, les malheureux cessent de se plaindre, les méchants de persécuter, les amants de se consumer dans d'inutiles désirs et de répandre des pleurs... Pleurs cruels qui abattent le cœur et ne le soulagent pas. »

Mirabeau, on le voit, ne nourrit pas de tendres sentiments, et cela se conçoit, pour le donjon de Vincennes où il a gémi pendant si longtemps. Malgré des adoucissements très réels, il serait absurde de prétendre, en effet, que des captifs ont été satisfaits de leur incarcération ; la liberté est un bien si précieux que rien ne peut compenser sa perte et une seule chose suffirait à condamner sans appel devant l'esprit moderne les prisons de l'ancien régime, même celles où l'on était relativement bien traité, c'est l'arbitraire avec lequel on y était plongé. Au XVIIIe siècle, un écrivain donnait de la prison d'Etat la définition suivante : « Toute maison solidement bâtie, hermétiquement fermée et diligemment gardée, où toute personne, quels que soient son rang, son âge, son sexe, peut entrer sans savoir pourquoi, rester sans savoir combien,

en attendant d'en sortir sans savoir comment. »
Et le fameux Cagliostro, dans sa lettre au peuple français, disait en 1786 : « Vous avez tout ce qu'il faut pour être heureux, vous autres Français : sol fécond, doux climat, bon cœur, gaieté charmante, du génie et des grâces, propres à tout, sans égaux dans l'art de plaire, sans maîtres dans les autres ; il ne vous manque, mes bons amis, qu'un petit point : d'être sûrs de coucher dans vos lits, quand vous êtes irréprochables. »

Un malheureux était souvent, en effet, brusquement séparé des siens, arraché à ses intérêts les plus graves, réduit à passer de longues années entre quatre murailles épaisses sans savoir ni pour quelle cause, ni pour combien de temps. Que de pleurs amers, que de rages impuissantes, que de froids désespoirs ont été impitoyablement étouffés pendant plusieurs siècles par cette impassible masse de pierres du donjon de Vincennes, aveugle instrument de vengeance plutôt que de répression, et où, encore aujourd'hui, on retrouve plus clairement les traces de la force que celles de la loi.

CHAPITRE XII

Les prisonniers du donjon. — Marigny. — Philippe de Crouy. — Saint-Léger. — Henri de Navarre. — Prince de Condé. — D'Ornano. — Duc de Vendôme. — De Puylaurens, etc.

Depuis Louis XI, qui tranforma le donjon en prison d'Etat, jusqu'à Louis XVI, qui lui retira cette sombre destination, nombreux furent les malheureux qu'il renferma. Il recevait, en effet, en temps ordinaire, une douzaine de prisonniers, rarement moins, et souvent ce nombre fut porté à trente pendant les époques particulièrement troublées comme au moment des guerres de religion et de la Fronde ou lorsqu'il abrita des étrangers prisonniers de guerre.

Nous passerons en revue dans ce chapitre les principaux d'entre eux, en indiquant, lorsque cela nous sera possible, les motifs de leur incarcération et les particularités de leur détention.

Bien longtemps avant que le donjon ne fût aménagé en prison, il avait reçu un illustre captif : Enguerrand de Marigny, surintendant des finances, homme d'une haute capacité, qui avait servi Philippe le Bel avec beaucoup d'intelligence et de dévouement. Il continua à remplir les mêmes fonctions sous son successeur, Louis le Hutin. A cette époque les rois, qui avaient toujours besoin d'argent, s'ingéniaient à trouver de nouveaux impôts, ce qui rendait impopulaire le surintendant des finances chargé de les recouvrer. Enguerrand de Marigny s'était attiré, en outre, la haine de Charles de Valois, oncle du roi, qui le fit accuser de dilapidation ; il fut enfermé d'abord au Louvre, puis au Temple et, enfin, transféré au donjon de Vincennes, où une nombreuse assemblée de prélats de barons fut chargée de le juger. Enguerrand demanda en vain un délai pour être en mesure de répondre aux accusations portées contre lui, on lui refusa tous les moyens de se défendre. Il en eût été peut-être quitte pour l'exil si on ne l'avait accusé, en outre, de magie, de sorcellerie et surtout d'avoir pratiqué l'envoûtement. Aussi fut-il condamné à être pendu ; « malgré sa qualité et ses services, dit Poncet de la Grave, il fut pendu au gibet de Montfaucon, qu'il avait fait élever lui-même et éprouva l'ignominie de sa situation par les insultes dont le peuple l'accabla depuis Vincennes jusqu'au lieu de son supplice. Il fut, depuis, reconnu innocent et inhumé aux Chartreux de Paris. »

De cette époque jusqu'au règne de Louis XI, on n'entend plus parler de prisonniers au donjon et les noms de ceux qui y furent enfermés sous ce dernier roi n'ont pas été conservés. Sous François Ier, l'amiral Chabot fut amené à Vincennes pour y être jugé par un tribunal composé de commissaires choisis dans tous les parlements et présidés par le chancelier Poyet ; c'est le seul prisonnier connu de cette époque.

En 1556, sous le règne de Henri II, on mit en sûreté au château un certain nombre de prisonniers de guerre espagnols, en attendant que leur rançon fût payée ou qu'on eût réglé un cartel d'échange. Le plus important de ces derniers était un seigneur castillan de la plus haute distinction, Philippe de Crouy, duc d'Arcos ; il put se procurer des habits de paysan, couper ses cheveux et s'échapper ainsi du château. On soupçonna qu'il avait dû être aidé par quelqu'un dans son évasion, et on accusa de ce fait sa cousine Françoise d'Amboise, veuve de Charles de Crouy Sénignani, dont il était tendrement aimé. Le lieutenant criminel, Jean Memrier, fit arrêter la coupable et la fit enfermer dans le cachot qu'avait habité son cousin ; on la traita en criminelle de bas étage, bien qu'elle fût protégée par les Guises, si redoutés à cette époque.

Les autres prisonniers que contenait alors le donjon étaient des calvinistes dont les prisons commençaient à s'emplir. Parmi ceux-ci se trouvaient Robert Stuart, le bailli de Saint-Agnan, de Soucelles, le comte de Haram et Gaspard de Heu.

Sous Charles IX et peu de temps avant la Saint-Barthélemy, on enferma également un officier calviniste, nommé Saint-Léger, qui voulut garder dans son cachot son chien favori, un beau levrier d'une intelligence remarquable et qu'il affectionnait beaucoup. On lui refusa cette faveur et le pauvre animal vint, paraît-il, chaque jour aboyer sous les fenêtres du donjon de manière à être vu par son maître qu'il apercevait derrière les barreaux ; il lui témoignait sa joie par des sauts et des bonds.

Saint-Léger fut mis en liberté et mourut peu de temps après ; le levrier crut qu'il était de nouveau enfermé et revint au château, où le guichetier le recueillit. Chaque jour, il venait contempler pendant des heures entières les fenêtres de l'ancien cachot de son maître. Si cette histoire n'est pas apocryphe, le levrier de Saint-Léger mérite une place dans la galerie des animaux célèbres.

Le château de Vincennes reçut vers la même époque deux hôtes illustres : le duc d'Alençon, frère du roi, et Henri, roi de Navarre, qui fut plus tard Henri IV. La reine-mère avait eu vent d'un complot destiné à écarter du trône son fils préféré, Henri, duc d'Anjou, qui régnait alors en Pologne en attendant que la mort de Charles IX, qui agonisait, lui donnât le trône de France. Elle feignit de tout ignorer, fit transporter le roi à Vincennes et invita le duc et le roi de Navarre à prendre place dans son carrosse, mais, quand ils furent arrivés, elle leur déclara qu'ils n'étaient pas, à la vérité, prisonniers, mais que, cependant, on ne leur permettrait pas de sortir du château. Ils restèrent ainsi dans une douce captivité jusqu'à l'arrivée de Henri III, qui quitta en hâte Varsovie à la nouvelle de la mort du roi Charles IX, son frère.

En même temps que ces princes, on enferma au donjon les maréchaux de Montmorency et de Cossé-Brissac qui étaient des amis dévoués de Henri de Navarre. On se saisit également de deux gentilshommes piémontais : La Môle et Coconas qui furent condamnés à avoir la tête tranchée et exécutés.

Pendant le règne de Henri IV, on entend peu parler de prisonniers au château ; ce ne fut que sous Louis XIII que le donjon et les tours commencèrent de nouveau à se remplir de captifs. Le premier qui y fut enfermé, sous la régence de Marie de Médicis, fut Henri, prince de Condé, premier prince du sang, qui s'était mis à la tête d'un parti puissant avec le but de renverser le nouveau roi et de se faire couronner à sa place. Il avait pris pour devise : « *Barre à bas* », parce que ses armoiries ne différaient des armes des rois de France que par une barre située au milieu des fleurs de lys. Ce cri de ralliement indiquait clairement le désir qu'il avait que cette barre fût ôtée et de monter alors sur le trône de France. Il avait fait entrer dans son parti Vendôme et Mayenne. Bientôt, la reine-mère fut avertie de ce complot ; elle fit arrêter le prince le 16 septembre 1616 ; on le conduisit à la Bastille, où il resta un an, et, de là, à Vincennes, dont le comte de Bournonville était gouverneur et le baron de Persan commandant.

La captivité du prince n'offre aucune particularité intéressante et ne fut pas très rigoureuse ; on permit à la princesse, sa femme, de s'enfermer avec lui ; elle y accoucha d'un fils qui mourut quelques jours après sa naissance.

Bientôt, sur les instances du duc de Luynes, favori de Louis XIII, on permit au prisonnier de voir ses amis. Pendant une maladie grave dont il fut attaqué vers la fin de mars 1619, le gouvernement enjoignit aux évêques d'ordonner des prières pour sa guérison. Pendant sa convalescence, on lui permit de sortir du donjon pour occuper un appartement du château, d'entendre la messe dans la

Sainte-Chapelle et de chasser quelquefois dans le parc. Au bout de quelques mois, Luynes, messager officieux, qui voulait s'acquérir le prince, vint à Vincennes et lui apporta, de la part du roi, la lettre suivante :

« Mon cousin, je ne vous dirai pas combien je vous aime ; je vous envoie mon cousin, le duc de Luynes, qui sait les secrets de mon cœur et vous les dira plus amplement. Venez-vous-en plus promptement que vous pourrez, car je vous attends avec impatience, et cependant je prierai Dieu qu'il vous ait en sa sainte garde.

« Louis. »

Ce fut le 20 novembre 1619 que les portes s'ouvrirent devant lui. Sa captivité avait duré trois ans.

Le gouverneur Bournonville et le commandant Persan furent eux-mêmes emprisonnés dans le donjon pendant plusieurs mois pour n'avoir pas montré assez de respect à l'égard de leur éminent prisonnier.

Quelques années après ces événements, le donjon reçut un autre personnage important, quoique d'un rang moins élevé que celui des précédents. Ce fut un Corse, nommé d'Ornano, que l'on appelait le colonel, bien que ce grade ne lui eût jamais été conféré ; il avait succédé, en 1621, au comte de

Ludes dans la place de gouverneur de Gaston d'Orléans, frère du roi. Il usa, pour satisfaire son ambition, de son influence sur ce jeune prince qui avait reçu une éducation pitoyable et dont l'ignorance égalait l'orgueil ; il organisa même un complot contre le cardinal de Richelieu. C'est pour ce fait qu'il fut arrêté, en 1626, avec Chaudebonne, premier maréchal des logis de la maison du roi ; on les conduisit à Vincennes sous l'escorte des chevau-légers et des mousquetaires du roi et de cent soixante soldats du régiment des gardes, qui devaient rester au donjon ; ils furent reçus par le gouverneur d'Hécourt qui avait tout préparé pour les recevoir. D'Ornano fut d'abord servi avec luxe par les officiers de la bouche du roi ; puis on les lui ôta, on remplaça la vaisselle d'argent par de l'étain, et le commandant du donjon fut chargé de le faire servir par les gardiens. Ce changement irrita vivement le colonel et l'inquiéta fort, il crut qu'on avait reçu l'ordre de l'empoisonner, refusa de manger ce qu'on lui servit et fit part de ses appréhensions au commandant, qui lui répondit : « Vous avez grand tort de craindre qu'on ne vous empoisonne car, lorsque le roi le voudra, il n'aura qu'à m'envoyer un ordre pour que je vous poignarde de ma propre main sans m'amuser à vous donner du poison. »

Peu de temps après, d'Ornano, en quittant la table, fut pris de douleurs d'entrailles si violentes qu'il tomba et perdit connaissance en même temps qu'il était atteint d'une grosse fièvre. On appela trois des plus célèbres médecins de Paris qui ordonnèrent divers remèdes, mais le mal empira rapidement et il mourut presque aussitôt, le 2 septembre 1626, à l'âge de quarante-cinq ans et après quatre mois d'emprisonnement.

Le bruit courut à cette époque qu'il avait été empoisonné par ordre du cardinal; celui-ci, dans ses Mémoires, cherche à combattre cette accusation et raconte dans les termes suivants la mort de d'Ornano : « Le maréchal d'Ornano mourut le 2 septembre 1626. La tristesse qu'il eut de sa prison, augmentée par l'accomplissement du mariage de Monsieur, fut cause de sa mort. Le vertige dont il était travaillé tourna en haut mal, et sa gravelle lui apporta une rétention d'urine. Il fut assisté avec un grand soin par les sieurs Carré, médecin de Paris, Letellier, médecin du roi, et Brayer, médecin du comte de Soissons. Le père Gibieu, prêtre de l'Oratoire, docteur de Sorbonne, fut toujours auprès de lui pour le consoler jusqu'au dernier soupir. Le roi fut fâché que la *justice de Dieu* eût prévenu la peine et qu'il fût mort avant le jugement de son procès, qui eût justifié à toute la France sa détention, que les personnes conjurées contre le roi et son Etat publiaient avoir été injuste. »

Trois mois avant la mort du maréchal d'Ornano, on avait enfermé à Vincennes le duc de Vendôme et le chevalier, son frère, grand prieur de France, fils naturels et légitimés de Henri IV. Ils étaient accusés d'avoir pris part à la conspiration ourdie par d'Ornano. Le grand prieur n'eut point la force de supporter sa mauvaise fortune, et, atteint d'une maladie de langueur, mourut dans sa prison le 8 février 1629. On croit généralement qu'il mourut empoisonné. Richelieu, dans ses Mémoires, s'efforce, comme il l'a fait pour d'Ornano, d'établir que cette mort fut toute naturelle.

Le duc de Vendôme, frère du grand prieur, fit tous les aveux qu'on lui demanda, et ne sortit cependant du donjon qu'après quatre ans et sept mois de captivité.

En 1629, Gaston d'Orléans, frère du roi, devint épris de la belle princesse Marie de Gonzague, fille du duc de Nevers, et songea à l'épouser. La reine Marie de Médicis, n'ayant pas trouvé cette union compatible avec sa politique, défendit à Gaston, son fils, de donner suite à cette passion. Celui-ci paraissant disposé à passer outre à cette défense, on fit arrêter la jeune princesse qui, conduite à Vincennes, séparée de ses amies et de ses gens, fut jetée dans un cachot grillé qu'on n'avait pas eu le temps de meubler. Elle n'y eut ni lit, ni feu au milieu d'une saison rigoureuse. La duchesse de Longueville, chez qui elle logeait auparavant, fut également incarcérée et ne se vit pas mieux traitée.

Louis XIII apprit les mauvais traitements qu'on avait fait subir aux deux princesses et, conseillé par Anne d'Autriche, donna l'ordre de les mettre en liberté. Leur emprisonnement avait duré cinq semaines.

Marie de Gonzague épousa plus tard Jean-Casimir II, roi de Pologne, qui, lui aussi, avait été enfermé au donjon. En 1639, appelé à commander les armées du roi d'Espagne, il traversait la France sous un faux nom lorsqu'il fut découvert, arrêté et emprisonné dans le cachot qu'avait occupé celle qui devait plus tard devenir sa femme.

En 1635, Louis XIII, sur les conseils du cardinal, fit incarcérer à Vincennes le duc de Puylaurens et quelques autres personnages de marque qui gênaient les projets de Richelieu. A peine enfermé, le duc fut attaqué d'une forte fièvre dont il mourut le 30 juin 1635. Des religieux minimes du bois de Vincennes eurent la permission de le visiter dans ses derniers moments. Le bruit courut qu'il avait été empoisonné et l'on dit que le cardinal, en parlant de la mort de ce duc, du maréchal d'Ornano et du grand prieur, s'était écrié :

« Voilà un air bien merveilleux que celui du bois de Vincennes qui fait mourir de la même façon tous les gens qui n'aiment pas le roi et qui conspirent ! »

L'année suivante, on enferma un ancien capucin, nommé Dubois, qui prétendait avoir trouvé la pierre philosophale et faisait de nombreuses dupes. Il fut pendu après avoir été emprisonné pendant six mois au donjon.

Deux dames, la baronne de Beausoleil et sa fille, furent enfermées vers la même époque pour avoir, avec une baguette de coudrier, prétendu découvrir des trésors et des sources. Ces pratiques de sorcellerie, qui étaient si sévèrement punies à cette époque, n'avaient pourtant pas été très fructueuses pour les prisonnières, car elles manquaient, dans leur prison, de vêtements et des choses les plus nécessaires à la vie. Le baron, qui avait été écroué à la Bastille, y vivait également dans un dénûment effroyable, presque nu, couvert d'immondices et à moitié fou. L'abbé de Saint-Cyran leur fit parvenir à tous trois du linge, des habits et des secours.

Cet abbé de Saint-Cyran, Jean Duvergier de Hauranne, qui se montrait si charitable, fut, en 1638, accusé de jansénisme et enfermé au donjon, sur les instances des Jésuites. Il y resta cinq années ; le gouverneur de Vincennes était alors Bouthilier, marquis de Chavigny. Le pieux abbé fut, en prison, respecté et vénéré comme un saint par les habitants du château ; le cardinal n'osa pas l'empêcher de dire sa messe tous les jours ; il écrivit en cachette un grand nombre de volumes et contribua, avec Arnaud et Nicole, à la gloire de l'abbaye de Port-Royal.

Vers la fin du règne de Louis XIII, on enferma divers prisonniers de guerre plus ou moins célèbres ; en 1638, le fameux Jean de Werth, ce partisan allemand, pris par Turenne au combat de Rheinsfeld après s'être avancé à la tête de ses bandes espagnoles presque sous les murs de Paris ; en 1640, le général baron d'Eghenfort, l'un des meilleurs généraux de l'empereur ; Coloredo, jeune officier de grande espérance, pris en Lorraine par le marquis de la Force, et, en 1642, des officiers espagnols, parmi lesquels le comte de Lamboy, Merci et Landron qui furent détenus jusqu'à ce qu'ils eussent fourni leur rançon, qui fut de vingt mille écus pour le premier et de trois mille pour les autres.

La captivité de ces prisonniers de guerre ne fut pas très rigoureuse : Richelieu, donnant au palais Cardinal une fête splendide avec ballet et représentation de *Mirame*, voulut que tous les officiers étrangers enfermés au donjon y assistassent ; toute la noblesse d'épée, d'église et de robe y avait également été conviée. Ce fut à cette fête que Jean de

Veue du Chasteau de Vincennes du costé du Parc.

A Paris, chez N. Langlois rue S.t Jacques a la victoire avec privil. du roy.   Silvestre delineavit   I. Cocol Sculpsit

Werth, dont nous avons déjà parlé, répondit à ceux qui lui demandaient ce qui l'avait le plus étonné dans ce qu'il venait de voir : « Ce qui m'a surpris par-dessus tout, c'est de voir qu'en un royaume très chrétien comme la France, les évêques soient à la comédie pendant que les saints sont en prison. » Il faisait évidemment allusion à la captivité du pieux abbé de Saint-Cyran.

Une des dernières victimes de Richelieu fut le comte de Montresor, chez qui la duchesse de Chevreuse, partant en Angleterre pour fuir les importunités amoureuses du Cardinal, avait laissé en dépôt son or et ses pierreries. Il n'en fallut pas davantage pour qu'il fût arrêté, conduit d'abord à la Bastille, puis au donjon où il resta quatorze mois prisonnier.

La mort du cardinal ne lui fit pas ouvrir les portes de son cachot ; ce ne fut qu'un an après cet événement qu'on le mit en liberté à la suite de pressantes sollicitations.

CHAPITRE XIII

Les prisonniers du donjon (*suite*). — Le duc de Beaufort ; son évasion. — Condé, Conti et Longueville. — Le cardinal de Retz. — Fouquet. — Crébillon. — Latude ; ses évasions. — Diderot, Mirabeau, etc.

Sous le règne de Louis XIV, les prisonniers deviennent de plus en plus nombreux Peu de temps après l'avènement du jeune roi, en 1643, on enferme au donjon François de Vendôme, duc de Beaufort, petit-fils de Henri IV et fils de César de Vendôme dont nous avons parlé plus haut. Ce prince, qui ne manquait pourtant ni d'esprit ni de valeur, avait reçu une éducation très rudimentaire : il savait à peine lire et signer son nom et s'exprimait dans un français bien peu élégant. Cela ne l'empêcha pas de devenir l'idole des Parisiens à cause de la haine dont il faisait montre vis-à-vis de Mazarin. Les plaisants de la cour l'avaient surnommé le *roi des Halles*. Cette royauté qui portait ombrage au successeur de Richelieu, fit décider sa perte. Mazarin prétendit avoir découvert un complot dirigé contre lui et tramé par Beaufort. Il fit arrêter et enfermer au donjon le roi des Halles qui fut confié à la surveillance d'un exempt des gardes du corps nommé La Ramée et de sept ou huit gardes qui couchaient dans sa chambre et ne le quittaient ni jour ni nuit. On lui donna pour le service un valet de chambre et un cuisinier de la bouche du roi.

Il passa ainsi cinq années au bout desquelles il parvint à s'échapper. Depuis longtemps il entretenait des intelligences avec un de ses gardes nommé Vaugrimault qui lui apporta des correspondances de ses amis et le plan de plusieurs tentatives d'évasion. « Le temps venu pour l'exécution, disent MM. Alboize et Maquet (1), ils choisirent le jour de la Pentecôte, parce que la solennité de cette fête occupait tout le monde au service divin. A l'heure où les gardes dînaient, le duc de Beaufort demanda à La Ramée de s'aller promener en une galerie où il avait quelquefois permission de respirer le grand air. Cette galerie est plus basse que le donjon, où il était logé, mais néanmoins fort haute, selon la profondeur des fossés, sur quoi elle regarde des deux côtés. La Ramée le suivit à cette promenade, et demeura

(1) Alboize et Maquet. *Histoire de la Bastille et du Donjon de Vincennes.*

seul avec lui dans la galerie. Vaugrimault feignit alors d'aller dîner avec les autres, mais, contrefaisant le malade, il prit seulement un peu de vin, et, sortant de la chambre, ferma la porte sur eux, ainsi que les portes situées entre la galerie et le lieu du repas ; il alla ensuite rejoindre le prisonnier et la Ramée, et, entrant dans la galerie, la ferma aussi. Il prit les clefs de toutes les portes. En même temps, le duc, qui était d'une belle taille, et Vaugrimault, se jetèrent sur La Ramée, l'empêchèrent de crier, et, sans vouloir le tuer, bien qu'il fût périlleux de ne le pas faire, ils le bâillonnèrent avec une poire d'angoisses, lui lièrent les mains et les pieds, et le laissèrent là. Aussitôt, ils attachèrent une corde à la fenêtre, et descendirent l'un après l'autre : Vaugrimault le premier, parce que, disait-il, monseigneur sera seulement remis en prison si l'on nous prend, mais, moi, je serai pendu. Ils se laissèrent couler jusque dans le fossé, dont la profondeur est si grande, que, malgré la longueur de leur corde, elle se trouva trop courte de beaucoup, si bien que, se laissant tomber en bas, le prince faillit se blesser grièvement ; la douleur le fit évanouir, et il demeura longtemps en cet état sans pouvoir reprendre ses esprits. Étant revenu à lui, quatre ou cinq hommes, apostés de l'autre côté du fossé, et qui l'avaient vu presque mort, jetèrent une autre corde, qu'il s'attacha lui-même autour du corps, et de cette sorte, ils le tirèrent à force de bras jusqu'à eux, Vaugrimault étant toujours sauvé le premier, selon la parole que le prince lui en avait donnée. Quand le duc fut en haut, il se trouva en mauvais état, car, outre une blessure qu'il s'était faite, la corde lui avait serré la poitrine à l'étouffer ; mais le courage lui revint, et il put aller rejoindre cinquante hommes à cheval qui l'attendaient au bois. »

« Aussitôt que M. de Beaufort se vit au milieu de cette troupe, la joie d'être en liberté fut si grande qu'en un moment il se trouva guéri de tous ses maux, et, sautant sur un cheval qu'on lui tenait préparé, il s'en alla et disparut comme un éclair, ravi de respirer et de pouvoir dire : « Ah ! je suis libre ! »

« Une femme, qui cueillait des herbes au bord du fossé, et un petit garçon virent tout ce qui se passa en cette circonstance ; mais ces hommes de l'embuscade les avaient tellement menacés que, n'ayant pas d'intérêt à empêcher l'évasion du prince, elle et son fils demeurèrent occupés paisiblement à regarder. Sitôt qu'il fut parti, la femme alla le dire à son mari, jardinier du château, et tous deux avertirent les gardes, mais il n'était plus temps. On s'occupa seulement de délivrer ceux que Vaugrimault avait enfermés à double tour derrière les massives portes du donjon. »

Cette évasion fit beaucoup de bruit ; on s'en prit à Chavigni, le gouverneur du château, que l'on fit enfermer dans le cachot même du duc. Quant à Beaufort, à peine échappé, il se rendit dans ses terres du Vendômois, en attendant un moment favorable pour rentrer à Paris.

Pendant les troubles de la Fronde, Mazarin fit arrêter trois membres influents du Parlement : Blancménil, Broussel et Charton. Seul des trois, le président Charton fut conduit au donjon de Vincennes.

Les troubles et les intrigues continuant à la cour, Mazarin, peu rassuré en voyant l'attitude du grand Condé, du prince de Conti et du duc de Longueville, les fit arrêter tous trois et conduire à Vincennes, qui était alors commandé par le baron de Drouet.

Le prince de Condé conserva seul son sang-froid : il *chantoit, juroit et prioit Dieu, jouait tantôt du violon, tantôt du volant.* Le duc de Longueville, très affecté, se montra abattu. Le prince de Conti se crut perdu, il pleurait, ne quittait pas le lit et demanda au gouverneur une *Imitation de Jésus-Christ.* Condé se contenta de faire un jeu d'esprit en réclamant une *Imitation du duc de Beaufort.* Il se prit de passion pour le jardinage, se mit à cultiver des fleurs et surtout des œillets dans un jardinet situé au pied du donjon, ce qui inspira à Mlle de Scudéri les vers suivants :

> En voyant ces œillets qu'un illustre guerrier
> Arrosa d'une main qui gagna des batailles,
> Souviens-toi qu'Apollon bâtissait des murailles,
> Et ne t'étonne pas que Mars soit jardinier.

Voici comment Guy Joly raconte dans ses mémoires l'arrestation du prince de Condé :

« Pour cet effet, il (Mazarin) fit entendre à M. le Prince qu'il avait reçu avis que des Coutures, un des principaux sujets du procès criminel, était caché dans une maison de la rue Montmartre, d'où il devait le faire enlever après dîner ; et que, pour le faire plus sûrement, il fallait donner ordre aux gendarmes de monter à cheval et de se tenir prêts à tout événement derrière le Palais-Royal, ce que Son Altesse approuva. Le ministre lui dit aussi qu'il avait reçu des dépêches d'Allemagne sur lesquelles il fallait assembler le conseil, et qu'il serait bon que Son Altesse fît avertir M. le prince de Conti et M. le duc de Longueville de s'y trouver, ce qu'il fit aussitôt. Ainsi ces trois princes s'étant rendus à l'heure ordinaire du conseil au Palais-Royal, furent arrêtés par le sieur Guitaut, capitaine des gardes de la reine, et par le sieur de Comminges, son neveu, le 16 janvier 1650. Et bientôt après être descendus par l'escalier qui conduit au jardin, on le leur fit traverser pour monter ensuite dans le même carrosse, où le sieur de Comminges monta seul avec eux.

« Ils furent menés au château de Vincennes avec une escorte de cinquante chevaux, tant gendarmes que gardes de la reine, commandés par le sieur de Miossens, depuis maréchal d'Albret et de Comminges. Il arrivèrent fort tard à Vincennes, le carrosse s'étant rompu en chemin. Ce qui donna occasion à M. le prince de proposer à Miossens de le sauver. Mais il répondit à Son Altesse que la fidélité qu'il devait au roi ne le lui permettait pas, et le sieur de Comminges, ayant entendu la proposition et remarqué que Son Altesse jetait les yeux de toutes parts pour voir s'il ne lui venait pas de secours, lui dit qu'il était son très humble serviteur, mais que quand il était question du service du roi, il n'écoutait que son devoir et que s'il venait du monde pour les sauver, il les poignarderait plutôt que de les laisser sortir d'entre ses mains, et de ne pas rendre bon compte à Sa Majesté, qui lui en avait confié la garde. Le discours, quoique dur, n'empêcha que M. le prince n'eût une entière confiance au sieur de Comminges pendant les premiers jours de sa prison. Elle fut même si grande, que Son Altesse ne voulut pas permettre que les officiers du sieur Guitaut, qui les servaient, fissent l'essai des viandes devant eux.

« Mais cela ne dura pas, le sieur de Bar ayant été nommé pour le garder, et on leur donna en même temps des officiers du roi pour les servir.

« Quand on annonça cette nouvelle à M. le duc d'Orléans, Son Altesse royale dit : *Voilà un beau coup de filet ! On vient de prendre un lion, un singe et un renard.*

« Vers les neuf heures du soir, les portes du château de Vincennes se refermaient sur les prisonniers. Comminges restait chargé de leur garde. Rien n'était prêt, ni lit ni souper. A la Pissotte, on trouva des œufs et du pain, pas de vin.

« Mais Rantzau est ici », dit le prince. Quelqu'un monte en haut du donjon où le maréchal était enfermé ; en effet, il avait du vin. Les princes furent logés au-dessous de lui, tandis que les soldats portaient de la paille ; Condé prit des cartes laissées dans le corps de garde et fit une partie avec Comminges.

« Souvent il posait son jeu, méditant, parlant seul ou s'adressant à son partenaire : « Comprenez-vous rien à mon arrestation ?

— Eh ! monsieur, rappelez-vous pourquoi Tibère ne pouvait souffrir Germanicus »[1].

« Le commencement de la prison des princes[2] fut fort rude, le cardinal les ayant mis à la garde

[1] Henri d'Orléans, *Revue des Deux-Mondes*, 15 mai 1888.
[2] Guy Joly

de M. de Bar, homme farouche, qui s'imagina que le mauvais traitement qu'il leur ferait avancerait sa fortune et lui serait d'un grand mérite à la cour. Ainsi la seule consolation des prisonniers fut le commerce qu'ils eurent dès le troisième ou quatrième jour de leur prison avec leurs amis.

« Le sieur de Montreuil, secrétaire de M. le prince de Conti, était celui qui conduisait le commerce, si adroitement et par des inventions si subtiles que le sieur de Bar était souvent lui-même l'instrument dont il se servait pour faire tenir les lettres aux princes.

« Pour cela on avait fait faire des écus creux qui se fermaient à vis, qu'on mêlait avec ceux qu'on envoyait de temps en temps aux prisonniers pour jouer, et que l'on confiait au sieur de Bar pour les leur remettre lui-même entre les mains.

« On se servait aussi quelquefois du ministère des officiers de la chambre et même d'un valet du sieur de Bar.

« Ce qu'on ne peut pas se dispenser de rapporter ici, c'est que quelques gardes du corps du roi que le sieur de Bar, qui les commandait, tenait toujours enfermés au dedans de la cour du donjon du château de Vincennes, pour leur ôter toute sorte de commerce avec ceux qui en gardaient les dehors et empêcher que par leur moyen les princes reçussent ni lettres, ni billets, ni aucun avis de vive voix de ce qui se passait à Paris et ailleurs, prenant aussi compassion de leur état et se persuadant que leurs disgrâces ne pourraient pas être de longue durée, assurés, d'ailleurs, qu'ils seraient très récompensés des services qu'ils leur auraient rendus secrètement, embrassèrent les propositions qu'on trouva les moyens de leur faire, et exécutèrent fidèlement tout ce dont on les avait instruits qu'ils feraient pour tenir les princes avertis de tout ce que leurs amis faisaient pour leur procurer la liberté, et de ce qui se passait en Guyenne, en Picardie, en Flandre, à la cour et ailleurs. Ils leur firent passer adroitement du papier, de l'encre et des plumes, dont ils se servirent pendant le temps de leur détention dans le château de Vincennes, où le prince de Condé étant allé dîner, au mois de juin 1652, chez le sieur de Chavigny qui en était gouverneur et étant monté dans la chambre où il était autrefois, trouva encore dans un trou de la cheminée les deux plumes qu'il y avait laissées. Les billets qu'ils recevaient étaient écrits en chiffres ; ceux qu'ils avaient doubles étaient fort étendus et contenaient peu de chiffres qui signifiaient beaucoup de choses. Ils s'en servaient pendant la nuit, étant dans leur lit, feignant de lire des livres qu'ils avaient, les rideaux étant tirés, aucun n'osant prendre la liberté de les entr'ouvrir seulement pour savoir ce qu'ils faisaient. Ils les recevaient des mains de quelqu'un qui avait la liberté d'entrer dans leur chambre pour les servir. On les mettait souvent dans les doubles fonds des bouteilles de vin faites exprès, que les gardes du dehors passaient par une très petite ouverture à ceux de dedans qui savaient le secret, pour les tirer de ce double fond et y mettre la réponse qu'on y faisait, en passant ces bouteilles vides à ceux qui devaient les remplir de toutes les deux manières.

« On se servait aussi d'escus d'argent qui étaient creux, que l'on faisait passer aux gardes affidés, dans lesquels on mettait aussi les billets et les réponses. Ceux qui recevaient ces écus avaient le secret de les ouvrir et de les fermer. On envoya au prince, dit Lenet, de l'encre de la Chine et de petits tuyaux de plume qu'il attachait au coin de sa chemise, quantité de livres in-folio où l'on avait soin de faire relier cinq ou six feuilles de papier blanc au dedans et à la fin, et on acheptoit de grand papier afin qu'il peut écrire dans les marges qu'il déchiroit après pour envoier au dehors les billets qu'il en formoit.

« Le prince de Condé, dit-il ailleurs, fit souvent le semblant d'avoir mal aux yeux en se les frottant pour les faire paroître rouges, il faisoit demander à Dalencey, son chirurgien, de la poudre pour les guérir et, soulz ce prétexte, ce dernier lui envoyait de ces drogues, que je scay dont les unes trempées en l'eau servoient à écrire une lettre qui demeure blanche et ne paroit sur le papier que quand on le frotte d'une autre trempée de même manière. Nous nous en servisme dans la suite du temps après que la princesse eust obtenu permission d'escrire au prince son mary et de lui faire escrire, par le jeune duc, des lettres qu'on envoyoit toutes ouvertes à la cour, dans les entrelignes desquelles et sur le revers j'escrivois ce qu'il convenoit qu'il sceut, avec de ces sortes d'inventions, de manière que le cardinal lui envoya deux ou trois fois (car nous usions sobrement de cette permission) des dispositions pour le perdre. »

Ces intelligences avec l'extérieur portèrent leurs fruits : la princesse de Condé partit en Guyenne et fit soulever cette province, ce qui fit dire un jour à Condé, s'adressant à son chirurgien : « Aurais-tu jamais cru que ma femme ferait la guerre pendant que j'arroserais des œillets ? » La duchesse de Longueville fit soulever la Normandie ; le vicomte de Turenne établit un plan d'attaque infaillible contre le château de Vincennes et la délivrance des princes fut résolue.

A Paris, Gourville avait gagné à la cause des princes le régiment des gardes au moyen de trois cent mille livres ; il avait fait parvenir à Condé une épée et des poignards ; ses gardes étaient dans le complot, on eût saisi de Bar pendant la messe et les geôliers eussent été mis en demeure de choisir entre une forte somme ou la mort.

Tout avait été bien préparé lorsque le complot fut découvert par l'indiscrétion d'un soldat récemment engagé ; on transporta alors les prisonniers au château de Marcoussis, puis à la citadelle du Havre. Dans ce voyage, les princes furent confiés à la garde d'un capitaine intrépide, le comte d'Harcourt, ce qui fit écrire à Condé, pendant le trajet, cette petite chanson contre son nouveau geôlier :

> Cet homme gros et court,
> Si connu dans l'histoire,
> Ce grand comte d'Harcourt,
> Tout couronné de gloire,
> Qui secourut Casal et qui reprit Turin
> Est maintenant recors de Jules Mazarin.

Ils ne restèrent que peu de temps au Havre : Mazarin sentit qu'il était temps de terminer de bonne grâce leur détention ; il partit en poste pour le Havre afin de leur annoncer en personne leur mise en liberté.

Le donjon de Vincennes ne resta pas longtemps sans renfermer d'illustres prisonniers : à peine les trois princes l'avaient-ils quitté qu'on y enferma le cardinal de Retz, coadjuteur de l'archevêque de Paris, un des esprits les plus distingués et les plus actifs de cette époque, mais qui avait eu le malheur de déplaire à la régente et au cardinal Mazarin.

Voici en quels termes de Retz raconte, dans ses *Mémoires*[1], son arrestation et sa captivité :

« J'allai ainsi au Louvre le 19 décembre 1652, et je fus arrêté dans l'antichambre de la reine par M. de Villequier, qui était capitaine des gardes du quartier. Il s'en fallut très peu que M. d'Haqueville ne me sauvât. Comme j'entrais dans le Louvre, il se promenait dans la cour ; il me joignit à la descente de mon carrosse, et il vint avec moi chez Mme la maréchale de Villeroy, où j'allai attendre qu'il fût jour chez le roi. Il m'y quitta pour aller en haut, où il trouva Montmège qui lui dit que tout le monde disait que j'allais être arrêté. Il descendit en diligence pour m'en avertir et pour me faire sortir par la cour des cuisines qui répondait justement à l'appartement de Mme de Villeroy. Il ne m'y trouva plus ; mais il ne m'y manqua que d'un moment, et, de ce moment, m'eût infailliblement donné la liberté. J'en ai la même obligation à M. d'Haqueville ; mais je suis assuré que de l'humeur et de la cordialité dont il est, il n'en eut pas la même joie. M. de Villequier me mena dans son appartement, où les officiers de la bouche m'apportèrent à dîner. On trouva très mauvais à la cour que j'eusse bien mangé, tant l'iniquité et la lâcheté des courtisans est extrême.

[1] *Mémoires du cardinal de Retz,* collection Petitot, t. XXXVI.

« On me fit passer, sur les trois heures, toute la grande galerie du Louvre, et l'on me fit descendre par le pavillon de Mademoiselle. Je trouvai un carrosse du roi dans lequel M. de Villequier monta avec moi et cinq ou six officiers des gardes du corps. Le carrosse fit douze ou quinze pas du côté de la ville ; mais il retourna tout d'un coup à la porte de la Conférence. Il était escorté par M. le maréchal d'Albret à la tête des gendarmes, par M. de la Vauguyon à la tête des chevau-légers et par M. de Venues, lieutenant-colonel du régiment des gardes, qui y commandait huit compagnies. Comme on voulait gagner la porte Saint-Antoine, il y en avait deux ou trois autres devant lesquelles il fallait passer ; il y avait à chacune un bataillon de Suisses qui avaient les piques baissées vers la ville.

. . . .

« J'arrivai à Vincennes entre huit et neuf heures du soir, et M. le maréchal d'Albret m'ayant demandé, à la descente du carrosse, si je n'avais rien à faire savoir au roi, je lui répondis que je croirais manquer au respect que je lui devais si je prenais cette liberté.

« On me mena dans une grande chambre où il n'y avait ni tapisserie ni lit ; celui que l'on y apporta vers les onze heures du soir était de taffetas de la Chine, peu propre pour un ameublement d'hiver. Je dormis très bien, ce que l'on ne doit pas attribuer à la fermeté, parce que le malheur fait naturellement cet effet sur moi. J'ai éprouvé en plus d'une occasion qu'il m'éveille le jour et qu'il m'assoupit la nuit.

. . . .

« Je fus obligé de me lever le lendemain sans feu, parce qu'il n'y avait point de bois pour en faire, et les trois exempts que l'on avait mis à côté de moi eurent la bonté de m'assurer que je n'en manquerais pas le lendemain.

Celui qui demeura seul à ma garde le prit pour lui et je fus quinze jours à Noël dans une chambre grande comme une église sans me chauffer. Cet exempt s'appelait Croisat; il était gascon, et il avait été, au moins à ce que l'on disait, valet de chambre de M. Servien. Je ne crois pas qu'on eût pu trouver encore sous le ciel un homme fait comme celui-là. Il me vola mon linge, mes habits, mes souliers, et j'étais quelquefois obligé de demeurer huit ou dix jours dans le lit, faute d'avoir de quoi m'habiller.

Je ne crus pas que l'on me pût faire un traitement pareil sans un ordre supérieur et sans un dessein formé de me faire mourir de chagrin. Je m'armai contre ce dessein, et je me résolus au moins de ne pas mourir de cette sorte de mort. Je me divertis au commencement à faire la vie de mon exempt, qui, sans exagération, était aussi fripon que Lazarille de Tormes et que le Buscon. Je l'accoutumai à ne plus me tourmenter, à force de lui faire connaître que je ne me tourmentais de rien. Je ne lui témoignai jamais aucun chagrin, je ne me plaignis de quoi que ce soit et je ne lui laissai pas seulement voir que je m'aperçusse de ce qu'il disait pour me fâcher, quoiqu'il ne proférât pas un mot qui ne fût à cette intention. Il fit travailler à un petit jardin de deux ou trois toises qui était dans la cour du donjon, et comme je lui demandais ce qu'il en prétendait faire, il me répondit que son dessein était d'y planter des asperges. Vous remarquerez qu'elles ne viennent qu'au bout de trois ans. Voilà une de ses plus grandes douceurs; il en avait tous les jours une vingtaine de cette force. Je les avalais toutes avec douceur, et cette douceur l'effarouchait parce qu'il disait que je me moquais de lui. . . . .

« Ce soulèvement obligea la cour à me traiter un peu mieux que dans le commencement. On me donna des livres, mais par compte et sans papier ni encre, et l'on m'accorda un valet de chambre et un médecin, à propos duquel je suis bien aise de ne pas omettre une circonstance qui est remarquable. Ce médecin, qui était homme de mérite et de réputation dans sa profession et qui s'appelait Vacherot, me dit, le jour qu'il entra à Vincennes, que M. de Caumartin l'avait chargé de me dire que Goisel, cet avocat qui avait prédit la liberté de M. de Beaufort, l'avait assuré que j'aurais la mienne dans le mois de mars ; mais qu'elle serait imparfaite et que je ne l'aurais entière et pleine qu'au mois d'août. Vous verrez par les suites que le présage fut juste.

« Je m'occupais fort à l'étude dans ma prison de Vincennes, qui dura quinze mois, et au point que les jours ne me suffisaient point, et que j'y employais même les nuits.

« Je fis une étude particulière de la langue latine, qui me fit connaître que l'on ne peut jamais trop s'y appliquer, parce que c'est une étude qui comprend toutes les autres ; je travaillai sur la grecque que j'avais fort aimée autrefois et à laquelle je retrouvai encore un nouveau goût. Je composai, à l'imitation de Boërce, une *Consolation de Théologie*, par laquelle je prouvais que tout homme qui est prisonnier doit essayer d'être le *vinctus in christo*[1] dont parle saint Paul. Je ramassai, dans une manière de *Silva*[2], beaucoup de matières différentes, et entre autres une application à l'usage de l'Eglise de Paris de ce qui était contenu dans les actes de celle de Milan et j'intitulai cet ouvrage : *Partus Vicennarum*[3]. Mon exempt n'oubliait rien pour

---

[1] « Le captif de Jésus-Christ. »
[2] *Silva*, forêt, dans le sens de *mélanges*.
[3] *L'Enfantement*, la *production de Vincennes*.

troubler la tranquillité de mes études et pour tenter de me donner du chagrin. Il me dit, un jour, que le roi lui avait commandé de me faire prendre l'air et de me mener sur le haut du donjon. Comme il crut que j'y avais du divertissement, il m'annonça avec une joie qui paraissait dans ses yeux qu'il avait reçu un contre-ordre. Je lui répondis qu'il était venu tout à propos parce que l'air qui était trop vif au-dessus du donjon m'avait fait mal à la tête. Quatre jours après, il me proposa de descendre au jeu de paume pour y voir jouer mes gardes. Je le priai de m'en dispenser, parce qu'il me semblait que l'air y devait être trop subtil, mais il m'y força en me disant que le roi, qui avait plus de soin de ma santé que je ne le croyais, lui avait recommandé de me faire faire exercice. Il me pria ensuite de l'excuser de ce qu'il ne m'y faisait plus descendre « pour quelque considération, ajouta-t-il, que je ne puis dire. » A la vérité, je m'étais mis au-dessus de toutes ces chicaneries qui ne me touchaient point dans le fond et pour lesquelles je n'avais que du mépris ; mais je vous confesse que je n'avais pas la même supériorité d'âme pour la substance de la prison, si on peut se servir de ce terme ; et la vue de me trouver, en me réveillant, entre les mains de mes ennemis, me faisait sentir que je n'étais rien moins que stoïque. Ame qui vive ne s'aperçut de mon chagrin, mais il fut extrême par cette unique raison, car c'est en effet de l'orgueil humain, et je me souviens que je me disais vingt fois le jour à moi-même que la prison d'Etat était la plus sensible de toutes sans exception.

« Vous avez déjà vu que je divertissais mon ennui par mon étude, j'y joignis quelquefois du relâchement. J'avais des lapins sur le haut du donjon ; j'avais des tourterelles dans une des tourelles, j'avais des pigeons dans l'autre. Les continuelles instances de l'Eglise de Paris faisaient que l'on m'accordait de temps en temps ces petits divertissements ; mais on les troublait toujours par mille chicanes. Ils ne laissaient pas de m'amuser, et d'autant plus agréablement que je les avais aussi prévus mille fois, en faisant réflexion à quoi je pourrais m'occuper, si jamais j'étais arrêté... Je ne m'occupais pourtant pas si fort à ces diversions que je ne songeasse avec une extrême application à me sauver ; et le commerce que j'eus toujours au dehors et sans discontinuation me donnait lieu d'y pouvoir penser et avec espérance et avec fruit.

« Le neuvième jour de ma prison, un garde, appelé Carpentier, s'approcha de moi comme son camarade dormait (il y en avait toujours un d'eux qui me gardait à vue et même la nuit) et il me mit un billet dans la main, que je reconnus d'abord pour être de celle de Mme de Pommereux ; il n'y avait dans ce billet que ces paroles : « Faites-moi réponse, fiez-vous au porteur. » Ce porteur me donna un crayon et un petit morceau de papier dans lequel j'assurais la prescription du billet. Mme de Pommereux avait trouvé habitude à la femme de ce garde, et elle lui avait donné cinq cents écus pour ce premier billet. Le mari était accoutumé à cette manière de trafic, et il n'avait pas été inutile à la liberté de M. de Beaufort. Il est mort, lui et toute sa famille, et j'en parle, par cette considération, plus librement. Comme tout ce qui est écrit peut être vu par des accidents imprévus, permettez-moi de ne pas entrer dans le détail de tous les autres commerces que j'eus après celui-là, et dans lesquels il faudrait nommer des gens qui vivent encore. Il suffit que je vous dise que nonobstant le changement de trois exempts et de vingt-quatre gardes du corps qui se succédèrent pendant le cours de quinze mois les uns aux autres, mon commerce ne fut jamais interrompu.

« Mme de Pommereux et MM. Caumartin et d'Haqueville m'écrivaient deux fois la semaine. Voici les différentes manières de ce commerce : elles tendaient toutes à ma liberté ; la voie la plus courte était celle de se sauver de prison. Je fis deux entreprises, dont l'une me fut suggérée par mon médecin qui était un homme de mathématiques. Il eut la pensée de limer la grille d'une petite fenêtre qui était dans la chapelle où j'entendais la messe, et d'y attacher une espèce de machine avec laquelle je fusse, à la vérité, descendu même assez facilement du troisième étage du donjon, mais comme ce n'eût été que la moitié du chemin fait, et qu'il eût fallut remonter l'enceinte, de laquelle, d'ailleurs on n'eût pu redescendre, je quittai cette pensée qui était en effet impraticable, et nous nous réduisîmes à une autre qui ne manqua que parce qu'il ne plut pas à la Providence de la faire réussir. J'avais remarqué, dans le temps qu'on me menait sur la tour, qu'il y avait tout au haut un creux dont je n'ai jamais pu deviner l'usage. Il était plein à demi de pierrailles, mais on pouvait y descendre et s'y cacher. Je pris sur cela la pensée de choisir le temps que mes gardes seraient allés dîner et que Carpentier serait de jour, et d'enivrer son camarade qui était un vieillard appelé Toneille, qui tombait comme mort dès qu'il avait bu deux verres de vin, ce que Carpentier avait éprouvé plus d'une fois et de me servir de ce moment pour monter au haut de la tour sans que l'on s'en aperçût et pour me cacher dans le trou dont je viens de vous parler avec quelques pains et quelques bouteilles d'eau et de vin. Carpentier convenait de la possibilité et même de la facilité de ce premier pas, qui était d'autant plus aisé que les deux gardes qui le devaient relever, lui et son camarade, avaient toujours eu l'honnêteté de ne pas rentrer dans ma chambre et de demeurer à ma porte jusqu'à ce qu'ils puissent juger que j'étais éveillé ; car je m'étais accoutumé à dormir l'après-dînée, ou plutôt à faire semblant de dormir.... Carpentier devait attacher des cordes à la fenêtre de la galerie par laquelle M. de Beaufort s'était sauvé et jeter dans le fossé une machine de tissus que M. Vacherot avait travaillée la nuit dans sa chambre, par le moyen de laquelle on eût pu croire que je me fusse élevé au-dessus de la petite muraille qu'on y avait faite depuis la sortie de M. de Beaufort. Il devait en même temps donner l'alarme comme s'il m'avait vu passer dans la galerie et montrer son épée teinte de sang, comme si même il m'eût blessé en me poursuivant. Toute la garde fût accourue au bruit, l'on eût trouvé des cordes à la fenêtre, l'on eût vu la machine et du sang dans le fossé ; huit ou dix cavaliers eussent paru le pistolet à la main dans le bois comme pour me recevoir. Il y en eût un qui fût sorti des portes avec une calotte rouge sur la tête. Ils se seraient séparés et celui qui aurait eu la calotte rouge aurait tiré du côté de Mézières ; l'on eût tiré le canon de Mézières trois ou quatre jours après, comme si j'y fusse effectivement arrivé. Qui eût pu s'imaginer que j'eusse été dans le trou ? L'on n'eût manqué de lever la garde du bois de Vincennes et de n'y laisser que des mortes-paies ordinaires qui eussent fait voir, pour deux sols, à tout Paris et la fenêtre et les cordes, comme ils firent voir celles de M. de Beaufort. Les amis y fussent venus par curiosité, comme tous les autres ; ils m'eussent habillé en femme, en moine, comme il vous plaira ; et j'en fusse sorti sans qu'il y eût seulement ombre de soupçon ni de difficulté. Je ne crois pas qu'il y eût eu rien au monde de si ridicule pour la cour si elle eût été attrapée en cette manière. Elle est si extraordinaire qu'elle en paraît impossible. Elle était même facile et je suis convaincu qu'elle aurait infailliblement réussi, si un garde, nommé l'Escarmouche, ne l'eût pas rompue par un incident que la pure fortune y jeta. L'on l'envoya à la place d'un autre qui tomba malade, et, comme c'était un homme dur, vieux et exact, il dit à l'exempt qu'il ne concevait point comment il ne faisait pas mettre une porte à l'entrée du petit escalier qui monte à la tour. Elle y fut posée le lendemain au matin, et ainsi mon entreprise fut rompue. Ce même garde m'assura le soir, en bonne amitié, qu'il m'étranglerait, s'il plaisait à Sa Majesté de lui commander. » [1]

[1] Mémoires du Cardinal de Retz.

Quelque temps après cette tentative d'évasion ainsi manquée avant d'avoir reçu un commencement d'exécution, on transféra le cardinal au château de Nantes d'où il s'échappa, non sans peine, le 8 août 1654. Il fut le dernier prisonnier important que la régente ait envoyé au donjon.

En 1661, le fameux Fouquet, surintendant des finances, dont les prodigalités avaient déplu à Louis XIV, fut enfermé à Vincennes, après l'avoir été à Angers et à Amboise : il fut ensuite transféré à Moret, à la Bastille et enfin à Pignerol, où il est mort. A Vincennes, Fouquet fut admis à garder avec lui Pecquet, son médecin, et son valet de chambre, Lavallée. C'est au château qu'il fut interrogé en premier lieu par M. Poncet, conseiller de grande chambre. Louis XIV établit en même temps à Vincennes une chambre de justice pour faire des recherches sur les fortunes mal acquises des financiers. Denis Talon, avocat général au parlement de Paris, remplissait les fonctions de procureur général.

Plus tard, Lauzun fut emprisonné de même sur les instances de Mme de Montespan pour des intrigues de cour ; il fut, comme Fouquet, transféré ensuite à Pignerol.

Plusieurs personnages d'une moindre importance viennent maintenant habiter les cachots du donjon pour différents motifs ; ce sont : Lesage, Guibourg, de Falourdet, Farie de Garlin, Jean Cronier, Marguerite Filandrier et Du Puits. « Ce dernier, dit Constantin de Renneville dans l'*Inquisition française*, avait trouvé le secret de durcir l'étain. Il fondit sa vaisselle et s'en fabriqua des clefs avec lesquelles il pénétrait dans les chambres des prisonniers, ses compagnons d'infortune ; presque tous furent bien surpris de le voir inopinément se glisser chez eux. Quelques prisonnières, dit-on, ne furent pas insensibles aux soins qu'il prit de leur plaire. »

A cette époque, les cachots regorgeaient de prisonniers : protestants, jansénistes, espions, sorciers, assassins s'y trouvaient confondus. Un Allemand, Frédéric Lang, est enfermé sur le soupçon d'être un espion du prince d'Orange ; il meurt au donjon après avoir été incarcéré à la Bastille ; l'avocat Vigier, accusé d'attentat à la vie du roi, y reste emprisonné longtemps après que ses accusateurs sont convaincus d'imposture ; Mme Guyon y est enfermée en 1695 pour ses écrits mystiques condamnés par la religion ; elle écrit au donjon les vers suivants :

> L'amour pur et parfait va plus loin qu'on ne pense.
> On ne sait pas, lorsqu'il commence,
> Tout ce qu'il doit coûter un jour :
> Mon cœur n'aurait connu Vincennes ni souffrance,
> S'il n'eût connu le pur amour.

M. de Brederode est incarcéré pour sorcellerie ; M. de Thün, à cause de son amitié pour M. de Bréauté, que détestait d'Argenson, et un Allemand, le comte de Kunisberg, est conduit à Vincennes pour avoir entretenu une correspondance avec sa famille en Allemagne, alors que nous étions en guerre avec l'Autriche. Anselme de Brigode, curé de Neuville, est enfermé pour jansénisme en même temps que dom Thierry de Viaisnes, bénédictin, ami du père Quesnel et don Gabriel Gerberon, auteur du *Miroir de la Piété chrétienne*, sont incarcérés sur les instances du père La Chaise.

Dans les premières années du règne de Louis XV, les prisonniers furent peu nombreux à Vincennes ; il n'y en eut même aucun pendant le séjour que fit le jeune roi au château. Peu après son départ pour les Tuileries, on y enferma, le 18 juin 1717, Messieurs de Polignac et de Clermont, qui n'y séjournèrent qu'un mois, et le 7 janvier 1719, quatre prisonniers inconnus qui arrivèrent le visage couvert d'un voile et dont les noms ne furent pas inscrits sur le registre d'écrou. On suppose généralement qu'ils avaient été compromis dans la *conspiration Cellamare*.

Là se borne la liste des prisonniers sous la régence du duc d'Orléans ; plus longue est celle de ceux qui furent emprisonnés pendant la seconde partie du règne de Louis XV. En 1723, le secrétaire d'Etat de la guerre, Leblanc, fut enfermé au donjon où il resta deux ans. L'année suivante, ce fut le tour de son délateur, l'abbé de Margon, espion et libelliste. Vers cette époque, on recommença la persécution contre les jansénistes qui étaient les adversaires résolus des jésuites. On en fit emprisonner beaucoup ; l'un des premiers et des plus illustres fut l'abbé Pucelle, conseiller au Parlement, qui s'était fait, dans cette assemblée, le soutien des jansénistes ; il fut incarcéré dans la première tour, à droite, du quatrième étage, dans le cachot qui porte aujourd'hui le numéro 39, mais fut promptement mis en liberté, grâce à des protestations énergiques du Parlement. En 1735, ce fut le tour de l'abbé Vaillant qui avait déjà été enfermé à la Bastille pour ce simple motif qu'il était *soupçonné* de professer les principes du jansénisme ; il en était sorti en 1730 et vivait retiré et tranquille auprès de sa mère, lorsqu'une nouvelle délation le fit mettre au donjon.

Enfin, par une contradiction étonnante, le curé de Vincennes nommé Morvant, qui dénonçait les jansénistes, fut également enfermé ; le registre d'écrou porte en regard de son nom, dans la colonne des motifs, l'inscription suivante : *Pour avoir donné des avis outrés contre les jansénistes.*

En 1739, on conduit également à Vincennes un oratorien, le père Boyer, un des premiers prédicateurs de l'époque ; il mourut dans sa prison le 18 janvier 1755. Deux autres oratoriens vinrent également au donjon : le père Jourdain et Gaspard Terrasson. Ce dernier y demeura neuf ans au bout desquels on consentit à le transférer à Argenteuil, chez les Minimes, où il ne fut guère mieux traité qu'à Vincennes.

Nous terminerons cette liste d'ecclésiastiques par Nicolas Cabrisseau, ancien curé de Reims, enfermé pour jansénisme, qui ne resta que quatre mois au donjon, mais dans une captivité particulièrement dure.

En 1734, Claude-Prosper-Juliot de Crébillon, fils du célèbre tragique, subit une captivité à Vincennes pour avoir fait, dans son roman intitulé *Tanzaï et Nourdané*, une peinture (d'une grande fidélité, paraît-il) des mœurs de la cour débauchée de Louis XV. Son séjour ne fut pas très long et il ne lui arriva de remarquable que l'aventure suivante :

La première nuit qu'il passa au donjon, à peine était-il dans son premier sommeil, qu'il sentit auprès de lui un corps velu qu'il prit pour un chat. Il se borna à le chasser et se rendormit. Le lendemain matin, à l'heure de son repas, il aperçut dans un coin obscur du cachot un animal assis sur ses pattes de derrière ; il crut que c'était le chat de la veille et chercha à l'attirer en lui jetant les restes de son repas ; il étendit le bras pour prendre l'animal et le caresser, mais celui-ci, qui n'était autre qu'un énorme rat, recula, découvrant une queue longue et mince. Crébillon, effrayé, jeta un cri de surprise et d'horreur qui fit venir le gardien ; il apprit alors que celui qui l'avait précédé dans la chambre avait apprivoisé l'animal qui venait souvent manger dans sa main. Il vainquit alors sa répugnance et se réconcilia avec l'intéressant rongeur, dont il perfectionna encore l'éducation. Quand il sortit de Vincennes, il aurait voulu emporter avec lui son compagnon de captivité, mais le porte-clefs le supplia de le laisser ; le rat avait d'autres amis au donjon qui auraient été désolés qu'on leur enlevât ainsi un de leurs rares passe-temps.

En 1746, on transféra de la Bastille à Vincennes, Louis-Joseph de Vendôme, fils naturel du duc; son écrou porte la note suivante : *Soupçonné d'être l'auteur d'une brochure satirique intitulée* LES TROIS MARIE. Il avait vingt-deux ans lors de son incarcération et resta enfermé au donjon pendant *vingt-huit ans*. Bien avant sa mort, qui survint en prison, il était courbé comme un centenaire, le désespoir avait creusé sur son visage des rides profondes et ses yeux caves, ses cheveux blancs attestaient les douleurs physiques et morales qu'il avait endurées.

Dans la même année, on arrêta à Amsterdam

Laroche-Guérault qui avait écrit une brochure intitulée : *Les Voix des Persécutés* et dans laquelle il était question de Mme de Pompadour.

Peu de temps après, on enferma également à Vincennes le chevalier de Langoula qui avait écrit à la marquise quatre lettres anonymes, dans lesquelles il la prévenait charitablement des dangers qu'elle avait à craindre de la part du duc d'Aiguillon.

En 1749, Vincennes reçoit, venant de la Bastille, le célèbre Latude, si connu par ses trente-cinq années de captivité et dont l'histoire a été racontée de tant de manières différentes.

Il était né le 23 mars 1725 à Montagnac, en Languedoc, enfant illégitime d'une pauvre fille, Jeanneton Aubrespy, et d'un père inconnu. On lui donna au baptême les prénoms de Jean-Henri dont il fit plus tard le nom de Jean Danry par lequel il se fait appeler aux armées où il sert comme chirurgien sur le Rhin et en Flandre.

Après la paix d'Aix-la-Chapelle, il arrive à Paris vers la fin de l'année 1748 et cherche à obtenir la protection de Mme de Pompadour par l'expédient suivant : il dispose dans une boîte de carton quatre larmes bataviques ; c'étaient des bulles de verre fondu qui, jetées dans l'eau froide, y avaient pris la forme de petites poires et qui éclataient avec bruit quand on en brisait la queue en crochet. Il les relie par une ficelle au couvercle de la boîte, répand par-dessus de la poudre à poudrer, de la poussière de vitriol et de l'alun. Il entoure le paquet d'une double enveloppe, écrit sur la première : « *Je vous prie, Madame, d'ouvrir le paquet en particulier* » ; et, sur la seconde, qui était à l'extérieur : « *A Madame la marquise de Pompadour, en cour* ».

Il met le paquet à la poste et se rend à Versailles pour informer la favorite d'un comptot contre sa vie.

Le statagème fut découvert et le résultat fut pour Danry tout autre que celui qu'il en espérait : on le mena à la Bastille où il entra le 1er mai 1749 et, le 28 juillet, on le transféra à Vincennes. Dans cette prison, qui était, comme la Bastille, réservée aux prisonniers de bonne société, le marquis du Châtelet, gouverneur du donjon, s'étonna « que la cour se fût déterminée de lui envoyer un pareil sujet ». Le chirurgien qui le soigne le lui répète en matière de consolation. « On ne met dans le donjon de Vincennes que des personnes nobles et de la première distinction. » On a pour lui les mêmes égards que pour un gentilhomme ; on lui réserve la meilleure chambre et on lui permet de se promener chaque jour pendant deux heures dans le parc.

On conçoit bien que toutes ces faveurs sont pour Danry une bien maigre consolation à la perte de la liberté ; aussi, sur le conseil du lieutenant de police qui vient le voir, écrit-il à Mme de Pompadour la lettre suivante :

« A Vincennes, 4 novembre 1749.

« Madame,

Si la misère, pressé par la faim, m'a fait commettre une faute contre votre chère personne, ça n'a point été dans le dessein de vous faire aucun mal. Dieu m'est témoin. Si sa divine bonté voulait aujourd'hui, en ma faveur, vous faire connaître mon âme repentante de sa très grande faute et les larmes que je répands depuis cent quatre-vingt-huit jours, à l'aspect des grilles de fer, vous auriez pitié de moi, Madame, au nom de Dieu qui vous éclaire, que votre juste courroux daigne s'apaiser sur mon repentir, sur ma misère, sur mes pleurs ; un jour, Dieu vous récompensera de votre humanité. Vous pouvez tout, Madame, Dieu vous a donné pouvoir auprès du plus grand roi de la terre, son bien-aimé : il est miséricordieux, il n'est point cruel, il est chrétien. Si sa divine puissance me fait la grâce d'obtenir de votre générosité la liberté, je mourrais plutôt et mangerais que des racines, avant de l'exposer une seconde fois. J'ai fondé toutes mes espérances sur votre charité chrétienne, soyez sensible à ma prière, ne m'abandonnez point à mon malheureux sort. J'espère en vous, Madame, et Dieu me fera la grâce que toutes mes prières seront exaucées pour accomplir tous les désirs que votre chère personne souhaite.

« J'ai l'honneur d'être, avec un repentir digne de grâce,

« Madame,
« Votre très humble et très obéissant serviteur,

« Danry. »

Cette lettre, si respectueuse et témoignant un repentir, qui paraît sincère, d'un acte qui, en somme, n'était pas d'une grande gravité, resta sans effet. Si bien que Danry, perdant patience, résolut de prendre lui-même la liberté qu'on lui refusait : il s'évada le 15 juin 1750.

Pour cela, il n'eut pas grand'peine. Il raconte lui-même dans ses *Mémoires* qu'étant descendu au parc, comme chaque jour, pour sa promenade, il y trouva un épagneul noir avec lequel il se mit à jouer. Le chien s'étant dressé contre la porte du jardin, la poussa de ses pattes ; celle-ci s'ouvrit et Danry n'eut qu'à sortir. Il courut droit devant lui, « jusqu'à ce qu'il fût tombé par terre de fatigue, du côté de Saint-Denis, vers les quatre heures après-midi ».

Les porte-clefs et les sentinelles qui étaient de service à Vincennes ce jour-là sont arrêtés et jetés au cachot pour manque de surveillance, et Danry, qui ne tarde pas à être repris, est mené à la Bastille. Après une nouvelle évasion en compagnie d'Allègre, il fut de nouveau repris et, dans la nuit du 15 au 16 septembre 1764, il est transféré au donjon sur la proposition du lieutenant de police. Danry signe maintenant ses lettres *de Masers de la Tude*, ayant imaginé qu'il était le fils d'un gentilhomme défunt de son pays, Henri Vissec de Latude, lieutenant-colonel d'un régiment de dragons. Il dit dans ses *Mémoires* : « Je fus transféré dans le donjon de Vincennes la nuit du 15 au 16 septembre 1764. Environ neuf heures après, feu M. de Guyonnet, lieutenant du roi, vint me voir en compagnie du major et des trois porte-clefs et il me dit : M. de Sartine m'a ordonné de vous dire de sa part que, pourvu que vous fussiez un peu de temps tranquille, qu'il vous accorderait votre liberté. Vous lui avez écrit une lettre extrêmement forte, il faut lui faire des excuses. » Il ajoute : « Au surplus, M. de Sartine me traitait bien. » Tous les jours, on lui accordait « la promenade extraordinaire des fossés ». Quand un lieutenant de police, dit Danry, accordait cette promenade à un prisonnier, c'était pour lui rendre promptement sa liberté ». Le 23 novembre 1765, Danry faisait ainsi, en compagnie d'une sentinelle, sa promenade quotidienne. Le brouillard était très épais. Il se retourna tout d'un coup vers son gardien : Comment trouvez-vous ce temps-ci ? — Fort mauvais. — Et moi je le trouve fort bon pour m'échapper. » Il n'avait pas fait quelques pas qu'il était hors de vue. « Je me suis échappé du donjon de Vincennes, écrit-il, sans malice, un bœuf en aurait fait autant que moi. »

Saisi de nouveau, il fut ramené à Vincennes où il écrit des mémoires contre les ministres et la cour. Le 27 septembre 1775, après la célèbre inspection des prisons de Malesherbes, il est transféré à Charenton « pour cause de dérangement de tête, en vertu d'un ordre du Roy du 23 dudit mois, contresigné de Lamoignon. Le Roy paiera sa pension. » Après une détention à Bicêtre, il est mis en liberté le 24 mars 1784.

Quelque temps avant Latude, le 24 juillet 1749, on avait amené au château le célèbre encyclopédiste Diderot qui y resta un peu plus de trois mois. Il avait eu le malheur de déplaire à une dame Dupré de Saint-Maur, qui était la maîtresse de M. d'Argenson. Le ministre, pour obtenir son incarcération, s'appuya sur le dernier livre de Diderot : *Lettres sur les aveugles à l'usage de ceux qui voient.*

Au début, il fut traité sévèrement : on l'enferma au quatrième étage du donjon, dans la chambre qui porte aujourd'hui le numéro 36 ; on le priva de papier, de plumes et d'encre. Voici l'interrogatoire qu'on lui fit subir peu de jours après son arrivée :

« Interrogatoire de l'ordre du roi fait par nous, Nicolas René Berryer, chevalier conseiller du roi en ses conseils, maître des requêtes ordinaires en son hôtel, lieutenant général de la police de la ville, prévôté et vicomté de Paris, commissaire du roi en cette partie.

Au sieur Diderot, prisonnier de l'ordre du roi au donjon de Vincennes.

Du jeudi 31 juillet 1749 de relevée, dans la salle du conseil du donjon de Vincennes, après serment fait par le répondant de dire et répondre vérité.

Interrogé de ses noms, surnoms, âge, qualité, pays, demeure, profession et religion.

A dit se nommer Denis Diderot, natif de Langres, âgé de trent-six 'ans, demeurant à Paris, lorsqu'il a été arrêté, rue Vieille Estrapade, paroisse de Saint-Etienne-du-Mont, de la religion catholique, apostolique et romaine.

Interrogé s'il n'a pas composé un ouvrage intitulé : *Lettres sur les aveugles à l'usage de ceux qui voient.*

A répondu que non.

Interrogé par qui il a fait imprimer ledit ouvrage.

A répondu qu'il n'a point fait imprimer ledit ouvrage.

Interrogé s'il n'en a pas vendu ou donné le manuscrit à quelqu'un,

A répondu que non.

Interrogé s'il scait le nom de l'auteur dudit ouvrage.

A répondu qu'il n'en scait rien.

Interrogé s'il n'a pas eu en sa possession ledit ouvrage en manuscrit avant qu'il fût imprimé.

A répondu qu'il n'a point eu ce manuscrit en sa possession avant qu'il fût imprimé.

Interrogé s'il n'a pas donné ou envoyé à différentes personnes des exemplaires dudit ouvrage.

A répondu qu'il n'en a envoyé ni donné à personne.

Interrogé s'il n'a pas composé un ouvrage qui a paru il y a environ deux ans, intitulé : *Les bijoux enchantés.*

A dit que non.

Interrogé s'il n'en a pas vendu ou donné le manuscrit à quelqu'un pour l'imprimer ou autre usage ;

A répondu que non.

Interrogé s'il n'a pas composé un ouvrage qui a paru, il y a plusieurs années, intitulé : *Pensées philosophique*s ;

A répondu que non.

Interrogé s'il connaît l'auteur dudit ouvrage.

A répondu qu'il ne le connaît pas.

Interrogé s'il n'a pas composé un ouvrage intitulé : *Le sceptique ou l'Allée des idées ;*

A dit que oui.

Interrogé où est le manuscrit dudit ouvrage.

A dit qu'il n'existe plus et qu'il est brûlé.

Interrogé s'il n'a pas composé un ouvrage intitulé : *L'oiseau blanc, conte bleu* ;

A répondu que non.

Interrogé s'il n'a pas, du moins, travaillé à corriger ledit ouvrage ;

A dit que non.

Lecture faite au répondant du présent interrogatoire, a dit que les réponses qu'il y a faites contiennent vérité, y a persisté et a signé,

BERRYER
DIDEROT. »

Dans ses *Confessions*, Jean-Jacques Rousseau dit combien il fut affecté de l'incarcération de Diderot :

« Rien ne peindra jamais les angoisses que me fit sentir le malheur de mon ami. Ma funeste imagination, qui porte toujours le mal au pis, s'effaroucha. Je le crus là pour le reste de sa vie. La tête faillit m'en tourner. J'écrivis à Mme Pompadour pour la conjurer de le faire relâcher, ou d'obtenir qu'on m'enfermât avec lui. Je n'eus aucune réponse à ma lettre : elle était trop peu raisonnable pour être efficace ; et je ne me flatte pas qu'elle ait contribué aux adoucissements qu'on mit quelque temps après à la captivité du pauvre Diderot. Mais si elle eût duré quelque temps encore avec la même rigueur, je crois que je serais mort de désespoir au pied de ce malheureux donjon. Au reste, si ma lettre a produit peu d'effet, je ne m'en suis pas non plus beaucoup fait valoir ; car je n'en parlais qu'à très peu de gens, et jamais à Diderot lui-même. »

Un peu plus loin, Rousseau raconte en ces termes les visites qu'il fit à Diderot lorsque, adoucissant les rigueurs de sa détention, on permit au prisonnier de recevoir ses amis : « En revenant à Paris, j'y appris l'agréable nouvelle que Diderot était sorti du donjon et qu'on lui avait donné le château et le parc de Vincennes pour prison, sur sa parole, avec permission de voir ses amis. Qu'il me fut dur de n'y pouvoir courir à l'instant même ! mais retenu deux ou trois jours chez Mme Dupin par des soins indispensables, après trois ou quatre siècles d'impatience je volai dans les bras de mon ami. Moment inexprimable ! Il n'était pas seul ; d'Alembert et le trésorier de la Sainte-Chapelle étaient avec lui. En entrant je ne vis que lui ; je ne fis qu'un saut, un cri ; je collai mon visage sur le sien, je le serrai étroitement sans lui parler autrement que par mes pleurs et mes sanglots ; j'étouffais de tendresse et de joie. Son premier mouvement, sorti de mes bras, fut de se tourner vers l'ecclésiastique, et de lui dire : « Vous voyez, monsieur, comment m'aiment mes amis. » Tout entier à mon émotion, je ne réfléchis pas alors à cette manière d'en tirer avantage, mais en y pensant quelquefois depuis ce temps-là, j'ai toujours jugé qu'à la place de Diderot ce n'eût pas été là la première idée qui me serait venue.

« Je le trouvai très affecté de sa prison. Le donjon lui avait fait une impression terrible, et quoiqu'il fût agréablement au château, et maître de ses promenades dans un parc qui n'est pas même fermé de mur, il avait besoin de la société de ses amis pour ne pas se livrer à son humeur noire. Comme j'étais assurément celui qui compatissait le plus à sa peine, je crus être aussi celui dont la vue lui serait la plus consolante, et tous les deux jours au plus tard, malgré des occupations très exigeantes, j'allais, soit seul, soit avec sa femme, passer avec lui les après-midi.

« Cette année 1749 fut d'une chaleur excessive. On compte deux lieues de Paris à Vincennes. Peu en état de payer des fiacres, à deux heures après midi j'allais à pied quand j'étais seul, et j'allais vite pour arriver plus tôt. Les arbres de la route, toujours élagués, à la mode du pays, ne donnaient presque aucune ombre ; et souvent, rendu de chaleur et de fatigue, je m'étendais par terre n'en pouvant plus. Je m'avisai, pour modérer mon pas, de prendre quelque livre. Je pris un jour le *Mercure de France*, et tout en marchant et le parcourant, je tombai sur cette question proposée par l'académie de Dijon pour le prix de l'année suivante : *Si le progrès des sciences et des arts a contribué à corrompre ou à épurer les mœurs.*

. . . .

« Ce que je me rappelle distinctement dans cette occasion, c'est qu'en arrivant à Vincennes j'étais dans une agitation qui tenait du délire. Diderot l'aperçut : je lui en dis la cause, et je lui lus la prosopopée de Fabricius, écrite en crayon sous un chêne. Il m'exhorta de donner l'essor à mes idées, et de concourir au prix. Je le fis, et dès cet instant je fus perdu. Tout le reste de ma vie et de mes malheurs fut l'effet inévitable de cet instant d'égarement. »

Diderot fut remis en liberté, le 3 novembre, sur les instances des libraires et imprimeurs qui avaient entrepris d'éditer l'*Encyclopédie*. Pendant toute sa détention, il était resté en correspondance avec eux et corrigeait dans sa prison les épreuves qu'on lui adressait.

En même temps que Diderot, était enfermé l'abbé Prieur, inventeur d'une sorte de sténographie. Il fit part de sa découverte au roi de Prusse qui s'intéressait à ces sortes de travaux et écrivit une partie de sa lettre à l'aide des signes qu'il avait imaginés. On crut voir dans cette missive, décachetée à la poste, une correspondance secrète cachant une conspiration et le malheureux inventeur fut arrêté et conduit à Vincennes où il mourut dans la cinquième année de sa captivité.

En 1760, on enferme à Vincennes pendant dix jours le marquis de Mirabeau, père du célèbre tribun dont nous nous occuperons plus tard. Né au Perthuis (Vaucluse) en 1715, il avait été officier de 1723 à 1743 et s'était distingué pendant la guerre de la succession de Pologne. Rentré dans la vie privée, il s'était adonné aux sciences économiques et était devenu, en 1757, un disciple enthousiaste du docteur Quesnay et de l'école physiocratique. Sa réputation devint bientôt universelle ; on le surnomma en Europe l'*Ami des hommes*. En 1760, il publia, pour exposer ses idées, une *Théorie de l'impôt* dont les audacieuses conceptions effrayèrent la coterie des financiers qui obtinrent contre lui une lettre de cachet. « Je pense avoir mérité d'être puni, écrit-il, comme l'âne de la fable, pour un zèle gauche et déplacé ». Mme d'Epinay écrit à Voltaire à propos de l'arrestation : « On n'a jamais arrêté un homme comme celui-là l'a été, en lui disant : « Monsieur, mes ordres ne portent pas de vous presser ; demain, si vous n'avez pas le temps aujourd'hui. — Non, Monsieur, on ne saurait trop tôt obéir aux ordres du roi, je m'y attendais. » Et il emporte avec lui une malle chargée de livres et de papiers. Un domestique était chargé de le servir et sa femme fut autorisée à le venir voir. Le roi dépensait quinze livres par jour pour son entretien.

Sa courte détention ne fut pas, on le voit, très sévère, et son frère, le bailli de Mirabeau, en parle en ces termes : « Un arrêt de huit jours où l'on t'a marqué toute la considération possible... »

Le 14 octobre 1769, on amena au donjon le Prévôt de Beaumont, déjà détenu à la Bastille depuis onze mois pour avoir dénoncé le *pacte de famine* par lequel une société secrète, sorte de trust colossal, accaparait les blés, les emportait à l'étranger, en décidait ainsi la hausse et les réimportait avec d'immenses bénéfices. Le roi avait dix millions d'actions dans cette monstrueuse entreprise ; aussi, on pense bien que l'on tenait à faire expier la hardiesse de cet homme dangereux. On le conduisit du donjon à Charenton en mars 1784 ; on le transféra ensuite à Bicêtre, et, en 1787, dans une maison de force de Bercy d'où il ne sortit que le 15 septembre 1789. Il passa donc sept ans et huit mois dans les cachots, durement traité comme il le raconte dans une brochure qu'il publia en 1791.

Sous le règne de Louis XVI, le plus illustre prisonnier fut le comte de Mirabeau, qui devait acquérir plus tard tant de popularité. Le fils de l'*Ami des hommes* eut une jeunesse fort orageuse. « Mirabeau fut d'abord destiné par son père au métier des armes, et comme il faisait tout avec passion, il se donna avec tant d'ardeur aux études militaires que ses chefs lui prédirent une brillante carrière d'officier. Mais déjà ses vices lui nuisaient. On dut l'emprisonner pour dettes, puis l'éloigner de France.

« Son père le rappela pour le marier (1772). Ce fut un triste ménage. Mari et femme gaspillèrent leur vie et leur argent, firent des dettes, se brouillèrent et finirent par se séparer... (1) »

Son père sollicita à différentes reprises des lettres de cachet contre lui et le fit enfermer au fort de Joux, près de Pontarlier. Il était autorisé à descendre chaque jour dans la ville; c'est là qu'il connut la femme du premier président de la Chambre des Comptes de Dôle, Mme Sophie de Monnier, avec qui il s'enfuit en Hollande. Arrêté à Amsterdam, il fut ramené en France et enfermé au donjon de Vincennes, où il resta pendant quarante-deux mois, de mai 1777 au 13 décembre 1780. Il entretint alors avec sa maîtresse une correspondance suivie,

---

(1) H. Ferrand, *Galerie Française, Loiret*.

qui fut publiée après sa mort, sous le titre de *Lettres originales de Mirabeau au Donjon de Vincennes*. Ces lettres constituent « un incroyable mélange de déclamations sincères et de renseignements exacts, où l'amour déborde parmi la philosophie, la politique, la morale, où tout Mirabeau se découvre avec la grandeur et les bassesses de sa nature, mais aussi avec ses généreuses aspirations, son information encyclopédique et l'éclat de sa forme oratoire... (1) »

L'influence de la captivité de Mirabeau à Vincennes fut grande sur sa destinée, ses études et ses opinions : il y composa treize ouvrages qui paraissent perdus et qui furent mentionnés par lui dans ses lettres au Donjon de Vincennes, neuf autres qui sont demeurés manuscrits, et, de plus, les livres suivants imprimés depuis en partie ou en totalité : *Traduction de Tibulle*, *Extraits de Boccace*, *Traduction de Jean Second* ; des *Contes*, les *Lettres de cachet* et les *Prisons d'Etat*, etc. Ce dernier ouvrage, écrit en cachette dans sa prison, eut, comme nous le verrons par la suite, une grande influence sur le sort du Donjon.

Quatre prisonniers assez célèbres furent encore enfermés après Mirabeau : en 1777, le fameux marquis de Sade qui, depuis 1763, avait été succes-

---

(1) Lanson, *Littérature française*.

sivement enfermé au château de Chauffour, à celui de Saumur, à la Conciergerie, à Pierre-en-Cise ; en 1778, l'inspecteur de police Goupil, pour fausses dénonciations ; il fut trouvé mort en 1780 et, enfin, le comte de Solages et de Wythe.

L'ouvrage de Mirabeau sur les lettres de cachet et les prisons d'Etat, dont nous avons parlé plus haut, avait soulevé une grande indignation : le despotisme, battu en brèche par les écrits des philosophes, se démantelait de toutes parts, si bien que Louis XVI, pour donner satisfaction à l'opinion publique, donna ordre de fermer la prison. En 1784, le baron de Breteuil fit transférer à la Bastille les trois prisonniers qu'il contenait ; c'étaient le marquis de Sade, le comte de Solages et de Wythe, tous trois en état de démence ; ils furent délivrés le 14 juillet 1789.

On supprima la charge de gouverneur ainsi que la garde du donjon, et le public fut admis à visiter ces lieux devenus célèbres par la détention de tant d'hommes illustres.

Le château de Vincennes ne sera plus utilisé comme prison d'Etat que sous le règne de Napoléon Ier. Des prisonniers y furent bien encore enfermés depuis à différentes époques, mais ce ne fut qu'exceptionnellement et sans que le donjon fût spécialement destiné à ces détentions, dont nous parlerons en leur temps.

CHAPITRE XIV

Vincennes sous la Révolution. — Elections communales. — La fête de la Fédération à Vincennes. — Rapport au conseil municipal de Paris sur le donjon. — L'affaire du 28 février 1791. — Les volontaires nationaux. Fêtes patriotiques.

Lorsque la Révolution éclata, le château servait de logement à des privilégiés ou à des familles ayant rendu des services à l'Etat ; il ne possédait alors comme garnison qu'une compagnie d'invalides. Quant au village de Vincennes, il venait seulement d'être érigé en commune (1788) et fit partie du district de Bourg-la-Reine (qui devint *Bourg de l'Egalité*), mais, depuis un siècle déjà, il formait une paroisse distincte.

Auparavant, le village était composé de deux parties dont l'une, appelée *Pissotte*, dépendait de la paroisse de Montreuil et possédait une chapelle desservie par les prêtres de cette localité. L'autre partie, appelée *Basse Cour*, dépendait du château royal de Vincennes dont elle était immédiatement voisine.

En 1666, ces deux parties furent réunies en paroisse et ne formèrent qu'un seul et même corps, mais pour le spirituel seulement, car les habitants de la Basse cour n'étaient pas encore taillables et ne furent portés sur des rôles qu'en 1678, tandis que les habitants de la Pissotte continuaient à être imposés sur les rôles de la paroisse de Montreuil. Le premier syndic de la nouvelle commune fut Gallimard, à qui succéda Hétru en 1789.

Le 3 février 1790, on procéda dans l'église, comme cela se faisait ordinairement, à l'élection de douze notables et d'une nouvelle municipalité. Le registre municipal de l'époque, que nous avons consulté, nous indique que les notables désignés furent : Edme Foliot, curé, Gille Gérard, François Savard, André Thomas, Etienne Vitry, Nicolas Billaudel, Jacques Guillaume Laizier, Pierre Toupillier, Jean-Louis Vienot, Louis Guigny et Jean-Claude Grimprel qui obtinrent de 41 à 21 voix.

M. Jean-Spire Lemaître fut élu maire et MM. Michel Bérault, Louis Gérard, Pierre Fosse, François-René Noisement et Mathieu Chauvin désignés comme membres de la Municipalité.

Voici comment le registre municipal relate l'installation de la nouvelle municipalité et la prestation du serment civique décrété par l'Assemblée nationale :

« Le dimanche sept dudit mois de février sur les quatre heures de relevée, issue des vêpres et du salut, ce jourd'hui chanté en la Paroisse de Vincennes, les citoyens composant la commune y étant rassemblés en grand nombre. Les officiers et soldats de la garde nationale, le Commandant à la tête, se sont rendus avec le drapeau à la salle de la Municipalité où étaient rassemblés les membres sortant d'exercice; ils les ont accompagnés chez M. le Maire où s'étaient réunis les membres nouvellement élus avec le procureur de la Commune et tous ensemble s'étant rendus à l'Eglise.

« Messieurs les officiers de l'ancienne municipalité ont proclamé à haute voix d'après l'élection des autres parts, scavoir pour Maire : M. Jean-Spire Le Maître.

« Pour membres de la Municipalité : MM. Michel Bérault, Louis Girard, Pierre Fosse, François-René Noisement et Mathieu Chauvin et pour procureur de la commune M. Jean-Louis Hétru le jeune, tous lesquels membres de la Municipalité ont accepté leur nomination, prêté le serment civique décrété par l'Assemblée nationale, d'être fidèles à la Nation, à la loi et au Roy et de défendre et maintenir de tout leur pouvoir la Constitution du Royaume. »

Le 14 juillet 1790, la fête de la Fédération fut célébrée à Vincennes avec une certaine pompe. La municipalité avait décidé l'érection d'un autel patriotique en face du château près de la grande route. Le terrain devait être *régalé* par les citoyens de Vincennes qui étaient invités à se prêter à cette opération en se munissant de pelles et de pioches. Voici *in extenso* le procès-verbal de cette cérémonie ; analysé ou commenté, il perdrait de sa saveur :

« Le mercredi quatorze juillet Mil sept cent quatre-vingt-dix, vers les une heure après-midi, ont monté à la salle municipale MM. Jean-Spire Le Maître, Maire ; Louis Girard ; François-René Noisement ; Mathieu Chauvin ; Foliot, curé et Gilles Girard, officiers municipaux où étant M. Grimprel jeune, procureur de la Commune présent et à sa réquisition il a été rédigé le procès-verbal qui suit :

« Les citoyens enrôlés dans la garde nationale de Vincennes, désirant s'unir à leurs frères d'armes de la Capitale et aux députés gardes-nationaux de tous les départements et provinces du royaume pour célébrer la fête de la confédération générale indiquée à aujourd'hui et prêter le serment civique décrété par l'Assemblée nationale, se sont tous rendus en armes et la majeure partie en uniformes au terrain derrière le cimetière [1] dans le parc de Vincennes pour y prendre leurs rangs sur la convocation à eux adressée par le Major de la garde.

« A neuf heures du matin, un détachement de grenadiers fusiliers et chasseurs se sont transportés chez M. Billaudel, Commandant pour y prendre le drapeau neuf dont il avait promis de se munir pour ladite fête suivant l'acte de délibération du onze juillet présent mois de l'autre part.

« Le dit détachement a accompagné le drapeau caché et non déployé, attendu qu'il n'était pas encore béni, jusqu'au terrain d'où toute la compagnie est partie tambour battant, les officiers ordinaires à la tête et dans leurs rangs suivant leurs grades, accompagnée de MM. Drouin du Volinger et de la Croix, officiers-commandants (sic) la garnison du chateau de Vincennes avec un détachement de douze bas officiers de la garnison.

« La troupe, mise en ordre sur deux rangs de taille, a pris la grande route, a passé entre le château et l'autel patriotique qui avait été dressé la veille près de la grande route et faisant face au château et à la rue Royale, a pris la rue du Bois, la grande rue de la Pissotte, s'est rendue à la salle Municipale, y a pris M. le Maire et MM. les officiers municipaux qui se sont transportés à l'Eglise avec

[1] Le cimetière était alors situé derrière l'église.

la troupe pour faire bénir le drapeau. En y entrant, la couverture du drapeau a été enlevée et on s'est rendu au chœur. M. Drouin du Volinger a présenté le drapeau comme parain à M. Foliot, curé, qui en a fait la bénédiction, le drapeau bénit et remis au sieur Dilliot, officier porte-drapeau de la garde, toute la troupe s'est rendue avec le clergé et le corps municipal à l'autel patriotique par la rue Royale vers les onze heures et demie ; a été dit sur le champ une messe basse par M. l'abbé Martin aumonier de la garde et, au coup de midi, après un petit discours relatif à la fête adressé à toute la garde par M. l'abbé Martin, celui-ci a, du consentement de M. le Maire, levé la main, prononcé le serment civique décrété par l'Assemblée nationale et, après l'énoncé de la formule, M. le Maire, M. le Procureur de la commune et MM. les officiers municipaux, M. le Commandant, tous les officiers, bas officiers et soldats composant la garde de Vincennes ont prononcé à haute voix : *je le jure*.

« Ce fait, toute la troupe, accompagnée comme dessus, a pris la rue du Levant et celle du Midi, a reconduit le clergé à l'Eglise où il a été chanté le *Te Deum* en actions de grâces et a ensuite reconduit le corps municipal à la salle ordinaire où a été procédé à la rédaction du présent procès-verbal. »

La municipalité avait convié à un *repas frater-*

nel qui eut lieu autour de l'autel après le serment, tous les citoyens de la garde nationale ainsi que leurs épouses.

Le 17 août 1790, le conseil général de la commune de Vincennes, ayant appris que l'Assemblée nationale devait mettre en vente des domaines nationaux jusqu'à concurrence de 400 milions de livres, demanda l'autorisation d'acquérir le château et le petit parc. La Sainte-Chapelle aurait été réservée et serait devenue l'église paroissiale, celle existant alors tombant de vétusté. Le conseil appela même un architecte de Paris, le sieur Gillet, pour faire l'estimation des bâtiments et des terrains, mais le projet de l'Assemblée ne fut pas mis en exécution en ce qui concernait Vincennes.

Le 18 octobre de la même année eut lieu au château, dans les appartements du roi, la première tenue des assemblées primaires du canton de Vincennes duquel dépendaient les paroisses et municipalités de Saint-Mandé, de Fontenay-sous-Bois et de la branche du pont de Saint-Maur.

Plus tard ces assemblées se tinrent dans la Sainte-Chapelle. Le premier président élu fut le curé de Fontenay-sous-Bois.

Le 20 novembre, un décret de l'assemblée nationale mit le Donjon à la disposition de la commune de Paris pour y enfermer des détenus, les prisons de la capitale étant insuffisantes. Plusieurs commissaires furent nommés pour le visiter et voir s'il ne pourrait pas servir au soulagement des prisons du Châtelet où les prisonniers étaient amoncelés. M. Jallier, architecte et officier municipal, fit au conseil, sur ce sujet, le rapport qui suit:

« Messieurs, chargés par le conseil municipal de vérifier si le Donjon de Vincennes pourrait servir au soulagement des prisons du Châtelet, où les prisonniers sont accumulés d'une manière effrayante, nous nous y sommes transportés hier, dimanche 14, et je vais avoir l'honneur de vous présenter le résultat de notre examen, précédé de quelques réflexions nécessaires au jugement du rapport.

Deux conditions sont essentielles à l'établissement des prisons autorisées par la loi : sûreté et salubrité.

« L'épaisseur des murs, qui se présente à l'esprit comme le premier et le meilleur moyen de sûreté, n'est cependant pas le plus certain ; il en est un bien préférable : c'est l'isolement.

Ce procédé réunit beaucoup d'avantages, il économise des gardiens, rend la surveillance facile et les secours plus prompts ; deux sentinelles, d'un coup d'œil, peuvent embrasser le contour d'une prison, quelle qu'en soit la forme ; enfin, les tentatives extérieures ne peuvent plus se hasarder et si celles de l'intérieur ne sont pas toujours découvertes quand les prisonniers les commencent, elles le sont infailliblement lors de leur issue.

« Une enceinte extérieure formée par un mur élevé est aussi de la plus haute nécessité ; ce rôle ôte aux prisonniers jusqu'à l'idée de tenter l'évasion, puisque échappés du bâtiment qui les renferme, ils se trouveraient infailliblement repris dans cette enceinte continuellement fréquentée par les sentinelles.

« Enfin un fossé large et profond qui enveloppe tout son extérieur paraît aussi une précaution indispensable, quand le terrain le permet.

« Venons à la salubrité.

« L'air, le premier besoin et le principe de la vie des hommes, est leur dangereux ennemi quand ils sont amoncelés dans un lieu clos ; car, tel est l'amour de cet élément pour la liberté, que si on le renferme, il fermente, réagit et tue rapidement les êtres dont il entretient l'existence. Les conditions les plus indispensables pour rendre les prisons salutaires sont donc d'en isoler les édifices, de les percer sur tous les sens, de les éloigner des bâtiments dont la hauteur intercepterait l'air, de faciliter le passage des courants qui peuvent le renouveler à tous les instants, et de profiter, selon le temps et les saisons, de ceux qui portent avec eux la salubrité et la santé.

« La réunion de toutes ces conditions ne s'est point encore trouvée dans les prisons élevées sous l'autorité des lois, et il est à remarquer que si dans celles construites par le pouvoir arbitraire, les précautions de salubrité y étaient souvent négligées au moins les combinaisons de sûreté y ont été poussées jusqu'à la recherche la plus scrupuleuse.

« C'est donc avec une satisfaction bien vive que nous annonçons à la municipalité que le Donjon de Vincennes, visité par ses ordres, réunit les doubles données de salubrité et de sûreté que l'humanité et la loi commandent; qu'au mérite d'un isolement absolu se joignent ceux d'une position heureuse, d'un local considérable et d'un édifice solide ouvert de tous côtés aux influences bienfaisantes d'un air pur et salutaire, avantages que la description du Donjon va mettre sous les yeux du Conseil.

« Cet édifice a été construit par trois de nos rois pour leur servir de maison de champs; sa situation à l'entrée d'un bois dont toutes les allées y aboutissent et son élévation qui le rend susceptible de recevoir constamment un air pur en faisaient un séjour aussi agréable que salubre. Deux enceintes l'environnent ; la première consiste en un fossé large et profond qui l'isole de toutes parts ; on entre dans la seconde, fermée de hautes murailles, par un pont-levis ; sur les créneaux construits des galeries dont les principales vues sont tournées vers la campagne. Cette seconde enceinte pourra servir de promenade aux prisonniers.

« Au milieu est la prison, autrefois habitation royale ; elle contient quatre étages formés chacun d'une grande salle en chauffoir de trente pieds en carré, voûtée en ogive, dont le centre est soutenu par un pilier et ayant dans ses angles quatre pièces octogones de treize pieds en tous sens, et toutes avec cheminées.

« Un cinquième étage est pratiqué dans le sommet de la pièce du centre, et tout ce bâtiment, incombustible par sa construction, est couvert en terrasse avec beaucoup de solidité et de recherche.

« Nous estimons qu'avec un peu de dépenses on pourrait y loger deux cent cinquante à trois cents prisonniers.

« Le rez-de-chaussée servirait pour les cuisines ; dans la cour intérieure, logerait le concierge. Des pièces à l'entresol serviraient à loger des gardiens, et une chapelle, dont on pourra rendre l'utilité plus générale, est destinée aux actes de dévotion des prisonniers.

« Ces infortunés auront sous les yeux un exemple bien frappant de la différence du régime actuel d'avec l'ancien ; à chaque étage, ils auront le spectacle des restes de la férocité des bourreaux d'autrefois ; à chaque étage, dans les chauffoirs qu'ils habiteront, sont encore des sièges de pierre destinés à placer les malheureuses victimes que l'on torturait de par le roi d'alors ; des anneaux de fer scellés dans les murs et qui servaient à assujettir leurs membres au moment de leurs supplices, entourent ces sièges de douleur, et, dans les cachots privés d'air et de lumière, sont encore des lits de charpente sur lesquels on enchaînait celles à qui l'on permettait de se livrer à quelques moments d'un sommeil convulsif.

« Le rétablissement de quelques grilles et de quelques châssis vendus par le dernier geôlier suffirait pour rendre cette prison habitable ; et, Messieurs, il n'est peut-être pas indifférent pour l'humanité et la philosophie de remarquer que la maison de plaisance d'un roi de France du treizième siècle a précisément tous les caractères demandés pour une prison conforme à l'esprit de la législation du dix-huitième.

« D'après cet exposé, Messieurs, je crois qu'il est de l'humanité et de l'équité du Conseil municipal de demander à l'Assemblée nationale la permission d'employer le donjon de Vincennes, actuellement domaine national, à loger provisoirement une partie des prisonniers qui engorgent le Châtelet, en assurant cette auguste assemblée qu'aucune autre prison ne peut mieux remplir les vues de bonté et de justice qui la dirigent, et que ce lieu d'arrêt a moins le caractère d'un dépôt de malfaiteurs que d'une maison de santé pour les malades convalescents, et qui sait, Messieurs, si plus d'une de ses malheureuses victimes chez qui l'affreuse maladie du crime n'est pas à sa dernière période, respirait un air plus pur, livrée à la douce mélancolie qu'inspire la vue de la campagne, séparée des complices en qui l'habitude du vice l'a rendue incurable, ne retrouvera pas dans le repentir de ses fautes ce calme heureux, espèce de convalescence de l'âme, qui annonce un prochain retour à des sentiments de vertu, fortuné changement qu'elle devra à vos soins paternels et à votre bienfaisante sollicitude. »

Les travaux de réparation et d'aménagement du donjon pour sa nouvelle destination furent adjugés le 14 janvier 1791 et menés avec une telle rapidité que la dépense montait, à la fin du mois suivant, à 30.562 livres 6 sols 3 deniers.

Mais voilà que, le 28 février, des gens malintentionnés répandent le bruit parmi le peuple qu'on veut faire servir de nouveau la vieille forteresse à des projets contre sa liberté ; les ouvriers du faubourg Saint-Antoine se lèvent en masse, se rendent à Vincennes, font irruption dans le château, le dévastent et commencent à le démolir. Appelée par le maire de Vincennes, la garde nationale de Paris accourt, ainsi que son commandant, La Fayette, disperse les émeutiers et fait cinquante prisonniers qu'elle ramène à Paris. Santerre, commandant la section des *Enfants trouvés* (faubourg Saint-Antoine), qui avait encouragé le pillage au lieu de l'empêcher, est cassé par un conseil de guerre (1). La garde nationale de Vincennes est accusée également d'avoir favorisé les émeutiers ; le maire lui rend cependant hommage dans le rapport suivant qu'il rédigea, le lendemain matin, sur cette affaire :

« Le mardi premier mars, au dit an mil sept cent quatre-vingt-onze, avant midi, nous, Jean-Spire Le Maître, maire ; Louis Girard, Mathieu Chauvin, André Thomas et François Chevreau, officiers municipaux de la commune de Vincennes. et Louis-François Boudin, procureur de la même commune, n'ayant pu nous réunir le jour d'hier à l'effet de dresser procès-verbal des événements occasionnés par la démolition encommencée du donjon de Vincennes, nous sommes rassemblés ce jourd'hui matin en la maison dudit sieur Boudin, sise sur la grande route, en face du château, pour être plus à portée de surveiller les mal intentionnés et où étant accompagnés de M. Jean-Claude Grimprel jeune, ci-devant procureur de la commune de

---

(1) De Laval. *Esquisse historique.*

Vincennes et maintenant administrateur du district de Bourg-la-Reine, qui nous a secondé de tout son pouvoir et a partagé tous nos dangers pendant toute la journée d'hier, nous avons des dits événements dressé le procès-verbal qui suit :

« Suivant l'avis à nous donné dimanche dernier vingt-sept février, sur les huit heures du soir, que les ouvriers employés aux travaux publics résidant pour la plupart au faubourg Saint-Antoine devaient se rendre le jour d'hier, dans la matinée, au donjon de Vincennes, pour en faire la démolition et interrompre les travaux décrétés par l'Assemblée nationale pour y mettre des prisonniers, nous en avons sur le champ prévenu M. le Maire de Paris par deux lettres que nous lui avons adressées, l'une à huit heures du soir et l'autre avant minuit, par lesquelles nous l'avons prié de nous envoyer, sitôt notre dernière lettre reçue ou au moins le lendemain avant le jour, force suffisante pour repousser toute violation des propriétés soit nationales, soit particulières.

« Dès le même soir, nous avons requis le commandant de la garde nationale de Vincennes de faire prendre les armes, ce qu'il a exécuté sur-le-champ.

« A huit heures du matin, nous avons vu arriver à Vincennes par la grande route une infinité de petits pelotons d'ouvriers, dont plusieurs étaient armés de pioches et de marteaux, nous avons été informés qu'ils arrivaient également par pelotons par l'avenue de Saint-Mandé.

« Nous étions dans l'attente du secours à nous promis par M. le Maire de Paris qui avait répondu à nos deux lettres et nous avait annoncé que nous pouvions compter sur un nombre de troupes suffisantes et sur deux officiers municipaux de la ville de Paris chargés de concerter avec nous les moyens convenables pour maintenir le bon ordre : en effet, MM. Montauban et Champion, membres de la municipalité de Paris, sont arrivés vers les neuf heures du matin, mais seuls et sans troupe.

« Ne voyant arriver aucun secours de Paris ; la garde nationale de Vincennes, remplie du plus grand zèle pour la chose publique et toute disposée à nous seconder quoique mal armée et manquant presque de munitions, concevait, ainsi que nous, les plus cruelles alarmes sur l'augmentation progressive des ouvriers qui menaçaient hautement de dévaster le donjon. Nous avons pris le parti de leur faire des représentations ; nous avons, mais en vain, employé tous nos efforts pour les détourner de leur dessein ; tous ceux à qui nous nous sommes adressés nous ont déclaré qu'ils persistaient dans leur résolution et, en effet, vers une heure après midi, nous avons vu commencer la démolition.

« Vers les trois heures, est enfin arrivé un premier secours de troupe de la section des *Enfants Trouvés* commandés par M. Santerre, lequel détachement avait été précédé de la brigade de gendarmerie nationale aux ordres de M. de Belmont et suivi peu d'instants après d'un détachement d'environ douze cents hommes d'infanterie et de soixante de cavalerie, le tout de la garde nationale parisienne, commandé par M. Collot de Verrières, commandant du bataillon de Saint-Gervais, assisté de M. Mallerot, adjudant major du bataillon des *Blancs-Manteaux*. »

« A l'aide de cette force militaire précédée de plusieurs pièces de canon, nous avons fait évacuer les cours du château et notamment celle du donjon : ce mouvement a ralenti l'activité des ouvriers ; alors, assistés d'une escorte suffisante, nous sommes montés, au nombre de trois, sur la plate-forme du donjon d'où nous sommes parvenus à faire descendre ceux qui y étaient restés.

« Sur ces entrefaites, M. de la Fayette étant arrivé il a donné des ordres pour en faire arrêter environ cinquante qui ont été conduits à Paris, le tout à la réquisition de M. le maire.

« Ce fait, nous avons visité toutes les chambres et galeries du Donjon et y avons remarqué que tous les ouvrages de menuiserie sans exception étaient entièrement détruits et dont la majeure partie avait été jetée par les fenêtres, que divers ouvrages de maçonnerie, charpente et couverture ont essuyé le même sort, notamment la plate-forme et qu'en général il a été fait un dégât dont l'appréciation ne peut être faite que par les gens de l'art.

« Il a été fait un pillage affreux dans l'atelier du sieur Leblanc, armurier du roi, autorisé par l'administration à une fabrication de platines de son invention propres au service des troupes de ligne ; il lui a été pris plusieurs effets précieux et différents objets appartenant à ses ouvriers.

« Il a été fait pareillement un dégât considérable dans le logement du sieur Germain, concierge.

« Avant de repartir pour Paris, M. de la Fayette a donné des ordres pour dissiper les attroupements qui se reformaient dans le village en face du château.

« Nous ne pouvons qu'applaudir au zèle et à la la prudence de la garde nationale parisienne tant infanterie que cavalerie et gendarmerie nationale, mais nous ne dissimulons point que si ce secours fût arrivé seulement trois heures plus tôt il n'eût été fait dans le donjon aucune dévastation. [1] »

Le maire de Vincennes, on le voit, ne signale pas

[1] Registre municipal de Vincennes.

les gardes nationaux qui se seraient joints aux émeutiers ; il y en eut cependant. On dit même que La Fayette fut obligé de menacer de son épée plusieurs de ses hommes qui manifestaient l'intention de coopérer à la démolition du donjon.

Des détachements de la garde nationale parisienne restèrent à Vincennes jusqu'au 11 mars pour parer à un retour offensif, probable des ouvriers du faubourg Saint-Antoine.

Après ces incidents tumultueux, l'Assemblée nationale ayant ordonné la cessation des travaux à faire au donjon, Vincennes va retrouver son calme habituel ; le 3 avril, on chante à la Sainte-Chapelle du château un *Te Deum* pour célébrer l'heureuse convalescence du roi. Cette cérémonie a lieu en présence du maire, des officiers municipaux et de la garde nationale, drapeau en tête.

Au commencement de l'année, le 16 janvier, avait lieu à l'église de Vincennes, la prestation de serment des ecclésiastiques du village. Edme Foliot, curé ; Louis Martin et Etienne de Caen ; vicaires ainsi que Louis Maillet, ancien religieux minime du parc de Vincennes, prêtèrent serment à la constitution civile du clergé.

Le maire s'était rendu ensuite à la chapelle du château pour recevoir le même serment des ecclésiastiques de la Sainte-Chapelle, mais quatre d'entre eux seulement, sur quinze, ayant consenti à cette formalité, le 15 avril suivant, à cinq heures du matin, la municipalité, agissant conformément à un décret de l'Assemblé nationale, vint expulser de la Sainte-Chapelle les chanoines qui chantaient matines; il leur fallut quitter le château à l'instant même.

Le 25 juin 1791, la municipalité envoya un détachement de 50 hommes de la garde nationale au devant du roi qui, arrêté à Varennes, était ramené à Paris. Ce détachement, qui avait pour mission « de faciliter le retour de Louis XVI en empêchant la foule qui pourrait s'y porter » ne quitta le roi que lorsque celui-ci fut entré à Paris.

La proclamation de l'acte constitutionnel du 14 septembre 1791 se fit solennellement le 25 septembre sur la place située en face le château, à l'extrémité de la rue Royale. La garde nationale était présente sous les armes, drapeau déployé. Le procureur de la commune, M. Boudin, fait en présence du maire, de la municipalité et d'un grand nombre d'habitants, la lecture de l'acte constitutionnel. Aussitôt après, le *Te Deum* fut chanté en action de grâce de ce que la Constitution du royaume était heureusement achevée; la cérémonie fut terminée par un *Domine Salvam fac Gentem*. « La municipalité, désirant marquer son allégresse et sa joie de ce que la Constitution est heureusement terminée, invite toute la jeunesse à se réunir sur la place où elle fera trouver des instruments de musique pour y établir des danses sous la surveillance publique. »

L'année suivante, M. Lenoir, conservateur du Musée des Augustins, fit enlever de la Sainte-Chapelle les verrières de Jean Cousin, déjà endommagées, et les remisa dans les combles du musée dont il avait la garde, ce qui les préserva d'une destruction totale. Nous ne les verrons revenir à Vincennes que sous le règne de Louis XVIII.

Le 25 août 1792, on célébra dans l'église paroissiale, un service en l'honneur des citoyens morts aux Tuileries dans la journée du 10 août. Le maire, les officiers municipaux y assistaient ainsi que la garde nationale avec tambour et drapeau.

Un mois auparavant, le 22 juillet, le maire avait fait convoquer à son de caisse une assemblée générale de tous les citoyens de la commune pour proclamer que la patrie était en danger. Cette réunion eut lieu dans l'église paroissiale, le procureur de la commune, à l'issue de la messe, donna lecture de l'acte du corps législatif déclarant que la patrie était en danger ; après quoi, « le dit sieur Billaudel, procureur de la Commune, a exhorté les citoyens, par un discours rempli de civisme, à veiller avec zèle et sans relâche au maintien de l'ordre et à l'exécution des lois dans tous les temps mais plus particulièrement encore dans les circonstances difficiles [1] ».

Les habitants de Vincennes répondirent à cet appel et envoyèrent le 3 septembre, à l'Assemblée législative, un don patriotique de 852 livres 7 sols pour les frais de la guerre ; vingt-six citoyens s'enrôlèrent pour aller aux frontières ; ils reçurent des armes des gardes nationaux qui en possédaient et l'on fit à ces derniers une distribution de piques pour remplacer les fusils qui faisaient défaut.

Le contingent de Vincennes, réuni aux volontaires de diverses communes du département de Paris, Bercy, Nogent-sur-Marne, Saint-Maur, Fontenay-sous-Bois, Ivry-sur-Seine, fit partie de la 1re compagnie du 6e bataillon de gardes nationales volontaires. Cette compagnie fut formée le 7 septembre à Vincennes ; elle choisit pour capitaine François-Louis Duclos, sous-officier de la compagnie d'Invalides détachée au château. Les autres compagnies furent composées de volontaires parisiens.

Ce bataillon fit d'abord partie de l'armée des Ardennes, sous le général en chef Valence. Il occupa Avesnes au mois de novembre 1792 et y séjourna tout l'hiver. Il fut amené sous Valen-

[1] Registre municipal de Vincennes.

ciennes, à la suite de la retraite de Belgique, et fit alors partie de l'avant-garde de l'armée du Nord commandée par Jourdan, avec laquelle il prit part aux combats de Raismes, d'Hondschoote, de Maubeuge, de Wattignies et de Landrecies ; il subit des pertes très sensibles dans ces diverses rencontres. Le 5 prairial an II (24 mai 1794) le bataillon fut fait prisonnier presque entier à l'affaire de Binche, entre Mons et Charleroi et emmené prisonnier en Autriche.

En 1793, un nouveau départ de volontaires vincennois eut lieu, car nous lisons dans le registre municipal à la date du 24 mars : « Le conseil général de la commune a arrêté qu'il serait fait, par un membre du conseil municipal, au son de la caisse, heure de midi, une invitation aux citoyens de cette commune d'apporter à la municipalité dans les vingt-quatre heures sous les peines portées par la loi un nombre suffisant d'armes, d'habits et autres objets d'équipements pour armer et équiper les vingt et un volontaires formant le contingent de cette commune. »

Les perquisitions domiciliaires en vue de rechercher les suspects furent faites par la municipalité, le 30 mars 1793 ; les officiers municipaux s'étaient partagé la besogne et avaient fait surveiller les abords du village pour que personne ne pût se soustraire aux recherches. Toutes ces précautions furent inutiles car les visites domiciliaires ne donnèrent aucun résultat.

Le château devint à cette époque une vaste caserne et le donjon, une poudrière contenant, pendant trois ans, jusqu'à un million de kilogrammes de poudre.

Du 7 floréal an II jusqu'au 27 frimaire an III, il avait été utilisé comme prison de femmes et avait reçu, pendant l'espace de ces huit mois, cinq cent quatre-vingt-huit prisonnières, la plupart condamnées pour vol. A la fin de 1794, elles furent toutes transférées à la Salpêtrière, aux Madelonnettes et surtout à Saint-Lazare.

Dans le village, les fêtes révolutionnaires continuèrent à se célébrer avec enthousiasme. Voici, par exemple, le récit de la fête donnée en 1795 à l'occasion de la reprise, par les troupes républicaines, de Toulon, que les royalistes de cette ville avait livrée aux Anglais :

« Le 10 Nivôse, l'an deuxième de la République Française une et indivisible, neuf heures du matin, se sont réunis en la maison commune, conformément à l'ajournement prononcé la veille, pour délibérer sur l'organisation de la fête en l'honneur de la reprise de Toulon : les citoyens Jean-Louis Viénot, maire ; François Savard, Louis Allard, Pierre-Louis Viénot l'aîné, François-Joseph Fleuret, officiers municipaux ; Simon Degleuré, agent national ; Nicolas Viénot, Simon-Guillaume Marinier, Charles-Henry Viénot, Gilles-André Girard, Jacques Halley, Guillaume Prunet, Jean-Nicolas Billaurdet, Jean-Baptiste Lafournière.

« Où étant, le Conseil considérant que le peu de temps qu'il a pour organiser la fête en l'honneur de la reprise de Toulon, doit être secondé par la joie que lui cause cette nouvelle : arrête, après avoir entendu l'agent national, que la cérémonie commencera à trois heures après-midi, que les corps constitués se réuniront à cette heure en la chambre commune, que le commandant de la Garde Nationale sera invité de faire assembler à la même heure son bataillon avec son drapeau sur la place devant la maison commune, pour se réunir aux autorités constituées, lesquelles se placeront au centre du bataillon et fraterniseront tous ensemble et se placeront indistinctement deux à deux, ayant à leur suite quantité de citoyens pour représenter la société populaire républicaine ; arrête encore le conseil, que le commandant des Vétérans nationaux, casernés au ci-devant château, sera invité à accompagner son détachement, lequel se joindra à la Garde Nationale et, que pareille invitation sera faite au brigadier de Gendarmerie Nationale, pour placer sa brigade de manière à ouvrir la marche et la fermer ; qu'étant ainsi réunis, le cortège passera par les rues du Bois et de la Pissotte, où étant l'agent cantonal, prononcera un discours analogue à la fête et à la haine implacable que tous vrais républicains doit jurer aux tyrans coalisés contre la France.

« Et de suite le cortège, suivant la rue de la Pissotte, s'arrêtera au carrefour de la rue du Terrier, où l'agent, après avoir prononcé le même discours, continuera la rue du Terrier, et s'arrêtera pareillement à la place de la rue de la Charité et, continuant la rue du Terrier, se rendra devant la porte du corps de garde où après le discours prononcé entrera dans le ci-devant château jusque dans la dernière cour où, avant et après le discours, des boîtes placées sur la principale porte du côté du parc seront tirées en signe de réjouissance pendant lequel temps des fagots allumés dans le milieu de la cour, sur la place indiquée pour danser, en attendant que tout soit préparé dans la cour dudit château, pour y former un bal où seront invités de se rendre tous les citoyens et citoyennes. Le Conseil considérant encore qu'il est nécessaire de préparer des rafraîchissements et une collation, arrête, après avoir de nouveau entendu l'agent national, qu'il sera nommé des commissaires chargés de ce soin et, à l'instant, furent nommés les citoyens Allard et Fleuret, autorisés par le Conseil à acheter chez le citoyen Michel Bérault, cultivateur-vigneron de cette commune, la quantité de deux feuillettes de vin et de requérir le citoyen Paillard, tonnelier tant pour emplir les deux feuillettes, que pour conduire ledit vin et le bois au ci-devant château, lequel bois consiste en soixante fagots que lesdits commissaires sont autorisés à prendre dans le nombre de ceux précédemment saisis chez le citoyen Parent, ci-devant boulanger. »

« Les citoyens composant le comité de surveillance de la commune et plusieurs autres citoyens pareillement invités ; le citoyen Léjemptel, commandant le bataillon, s'étant présenté, a annoncé à l'assemblée que le bataillon de la Garde Nationale venait pour les accompagner à la fête, avec le drapeau déployé ; à l'instant l'assemblée s'étant placée au centre du bataillon, le cortège, après s'être transporté aux places précédemment indiquées pour publier le discours, en l'honneur de la reprise de Toulon, le drapeau rentré chez le citoyen commandant par un détachement du bataillon de la Garde Nationale, les citoyens et citoyennes, animés de cette joie inséparable des vrais républicains, ont dansé en rond autour du feu de joie établi dans la cour du ci-devant château et, de suite, passant dans la ci-devant église du ci-devant château, les citoyens et citoyennes y ont formé plusieurs danses au son de divers instruments et des airs républicains joués par plusieurs citoyens qui s'y sont réunis. »

En 1796, un arrêté du Directoire transfère l'arsenal de Paris au château et au Petit Parc voisin du château de Vincennes. Un autre arrêté ordonne la vente de la zone militaire située entre le château et la ville de Vincennes, malgré l'opposition des autorités militaires du ministère de la guerre et de la place de Vincennes, et, en 1797, le Petit Parc, dépôt du matériel de l'Arsenal, est mis en vente aux enchères et adjugé le 13 juin.

Quant au château, confié au commandement du capitaine d'armes Latour, il demeure place de guerre, jusqu'à ce que Napoléon lui rende son ancienne destination de prison d'Etat.

CHAPITRE XV.

Vincennes sous le Consulat, arrestation, jugement et exécution du duc d'Enghien.

Sous le Consulat, le château de Vincennes resta ce qu'il était à la fin du Directoire : une place de guerre d'une bien faible importance avec ses remparts et ses tours dont l'état lamentable de vétusté et de délabrement n'avait fait que croître depuis Louis XVI. Sa garnison se composait d'une centaine d'hommes du train d'artillerie de la garde des Consuls, de vingt-trois hommes du 18e régiment d'infanterie, de cinquante ouvriers, d'un adjudant de place, d'un sous-lieutenant secrétaire, d'un portier consigne et d'un concierge. Le commandant d'armes était un nommé Harel qui était arrivé à ce poste par un de ces services qu'on récompense par une place de geôlier : jacobin en 93, conspirateur sous le Directoire, il s'était fait délateur sous le Consulat. Il avait dénoncé à la police Ceracchi, Arena et Demerville avec lesquels il avait comploté d'assassiner le premier consul. Sa délation lui avait valu les galons de chef de bataillon et le commandement du château de Vincennes ; il habitait *le pavillon de la porte du Bois*, au-dessous de la voûte d'entrée du côté du parc, le seul endroit à peu près logeable de l'immense enceinte.

C'est à ce moment que se passa à Vincennes ce sombre drame qui glaça d'effroi tous les cœurs, un de ces actes que l'on voudrait pouvoir retrancher de l'Histoire : l'exécution du duc d'Enghien. Presque tous les personnages qui ont été mêlés à cette triste affaire en ont écrit le récit et en ont donné des explications différentes, suivant le rôle qu'ils y ont joué ; c'est à l'aide de tous ces documents que nous entreprenons d'écrire d'une façon impartiale l'histoire du dernier des Condé et de chercher la vérité dans ce mélange d'interprétations diverses.

Ce fut à Chantilly, le 2 août 1772, que naquit le duc d'Enghien de Louis-Henri-Joseph, duc de Bourbon, et de Louise-Thérèse-Mathilde, princesse d'Orléans. C'était le dixième prince de cette maison. Il eut pour gouvernante la vicomtesse de Nesle ; à cinq ans, on le confia aux soins du comte de Virien, gouverneur, et de M. Sarrobert, sous-gouverneur. Il eut pour précepteur l'abbé Millot, connu comme historien, et passa la plus grande partie de son enfance au château de Saint-Maur, à une demi-heure de Vincennes, « dont l'air paraissait convenir à sa constitution faible et maladive ». Bien souvent, on lui fit prendre comme but de ses promenades et de ses plaisirs ce château qui devait devenir son tombeau.

Il grandit ainsi, répondant aux soins de son précepteur et montrant les plus heureuses dispositions du cœur et de l'intelligence, jusqu'au 17 juillet 1789, jour auquel il quitta la France avec les ducs de Berry et d'Angoulême, ses cousins, fils du comte d'Artois. Il passa quelque temps à la cour du roi de Sardaigne en attendant la formation de l'armée de Condé dans laquelle sa naissance et son rang l'appelaient à prendre un commandement important et avec laquelle il prit part aux campagnes de 1792 et de 1795, en qualité de commandant de la cavalerie d'avant-garde. Il se distingua particulièrement au siège de Mayence, à l'attaque des lignes de Wissembourg et surtout à la journée de Berstheim, le 2 décembre 1793.

Lorsque l'armée de Condé fut licenciée, il alla se fixer à Ettenheim, dans le grand-duché de Bade, à quatre lieues du Rhin. Il vivait là en compagnie de la princesse Charlotte de Rohan-Rochefort, qu'il avait épousée clandestinement, du chevalier Jacques, son secrétaire, et de quelques serviteurs de confiance, partageant son temps entre l'intimité de son épouse et la passion de la chasse qui remplaçait pour lui la vie animée des camps.

Bientôt, plusieurs conspirations ayant été ourdies contre la vie de Bonaparte, celui-ci ombrageux, et défiant, crut que le duc d'Enghien n'y était pas étranger et, le 11 mars 1804, il donna au général Ordener l'ordre de se rendre rapidement à Strasbourg, puis à Ettenheim, de cerner le village et d'y enlever le duc. Le général obéit et exécuta dans la nuit du 14 au 15 les ordres reçus. Le duc, dans son journal, raconte ainsi son arrestation : « Le jeudi 15 mars, à Ettenheim, ma maison cernée par un détachement de dragons et des piquets de gendarmerie, total deux cents hommes environ, deux généraux, le colonel des dragons, le colonel Charlot de la gendarmerie de Strasbourg, à cinq heures (du matin). A cinq heures et demie, les portes enfoncées, emmené au Moulin, près la Tuilerie. Mes papiers enlevés cachetés. Conduit dans une charrette, entre deux haies de fusiliers, jusqu'au Rhin. Embarqué pour Rhisnau. Débarqué et marché à pied jusqu'à Pforshein. Déjeuné à l'auberge. Monté en voiture avec le colonel Charlot, le maréchal des logis de la gendarmerie, un gendarme sur le siège et Grunstein. Arrivé à Strasbourg chez le colonel Charlot, vers cinq heures et demie. Transféré une demi-heure après dans un fiacre, à la citadelle.

Vue générale du Château royal de Vincennes du côté du grand corps de garde
(*Chalcographie du Louvre*)

. . . .

« Dimanche 18, on vient m'enlever à une heure et demie du matin. On ne me laisse que le temps de m'habiller. J'embrasse mes malheureux compagnons, mes gens. Je pars seul avec deux officiers de gendarmerie et deux gendarmes. Le colonel Charlot m'a annoncé que nous allons chez le général de division, qui a reçu des ordres de Paris. Au lieu de cela, je trouve une voiture avec six chevaux de poste sur la place de l'Eglise. Le lieutenant Pétermann y monte à côté de moi, le maréchal des logis Blitersdoff sur le siège, deux gendarmes en dedans, l'autre en dehors. »

En route, Pétermann apprend au prince qu'on se dirige sur Paris; celui-ci s'en réjouit, car il pense qu'il pourra y voir le premier consul: « Un quart d'heure de conversation avec lui, répète-t-il avec confiance, et tout sera arrangé. »

Arrivée le 20 mars, vers les trois heures du soir, à la barrière de la Villette, la voiture suit les boulevards extérieurs, entre dans Paris par la barrière de l'Etoile et passe à l'hôtel du ministère des affaires étrangères, situé alors rue du Bac; là, on fait attendre le prince une demi-heure sans lui permettre de descendre de voiture, après quoi le postillon repart et prend la direction du château de Vincennes, où l'on arrive à cinq heures et demie.

Le prince, descendu de la voiture dans la cour

intérieure, est conduit au premier étage du Pavillon du Roi dans le logement qui lui était destiné ; il cause avec le commandant Harel en attendant le repas qu'on est allé chercher chez un traiteur du voisinage ; il lui dit qu'il se rappelle, qu'étant jeune, « il était venu, avec le prince de Condé, son grand-père, visiter le château et les bois de Vincennes ; il avait séjourné au Pavillon du Roi, et croyait bien reconnaître la salle où il se trouvait en ce moment ». Il ne se montre nullement inquiet des suites de son arrestation et ajoute, qu'ayant un goût passionné pour la chasse, il donnerait sa parole d'honneur de ne point chercher à s'évader si on voulait lui permettre de chasser dans la forêt. Lorsque son repas fut fini, le jeune prince, exténué, se coucha et s'endormit aussitôt profondément.

Pendant ce temps, l'immense cour du château se remplissait silencieusement de troupes venues de Paris, le personnel des forces qui était à Vincennes n'ayant pas paru suffisant au premier consul. Successivement, arrivaient deux régiments : le 4e d'infanterie légère et le 18e de ligne, puis la légion de gendarmerie d'élite et les grenadiers de la garde des consuls pendant que, sur l'esplanade, se massaient le 1er régiment de cuirassiers et le 2e de la garde municipale. Le général Savary, aide-de-camp de Bonaparte, avait pris, pour cette nuit, le commandement des troupes réunies au château.

Dans le pavillon de la porte du Bois se réunissaient les membres de la commission militaire convoquée par un ordre de Bonaparte du 29 ventôse an XII. Cette commission, composée de sept officiers désignés par le général gouverneur de Paris (Murat) comprenait : le général Hullin, président ; les colonels Guitton, Bezancourt, Ravier, Barrois, Rabbe et le major d'Autancourt, qui devait remplir les fonctions de capitaine-rapporteur.

L'ordre portait que la commission se réunirait à Vincennes pour juger « le ci-devant duc d'Enghien, prévenu d'avoir porté les armes contre la république, d'avoir été et d'être encore à la solde de l'Angleterre, de faire partie des complots tramés par cette dernière puissance contre la sûreté intérieure et extérieure de la République. »

Le capitaine d'Autancourt, le chef d'escadron Jacquin de la légion d'élite, deux gendarmes à pied et le lieutenant Noirot se rendirent à la chambre du duc d'Enghien ; ils le réveillèrent. Le prince parut étonné et demanda : « Mais que me veut-on ? — Vous juger. — Et sur quoi ? — Sur ce que vous avez voulu assassiner le Premier Consul. »

Il s'habilla alors docilement et suivit le lieutenant Noirot qui le conduisit dans une pièce voisine de celle où se tenait le conseil. Là, le capitaine-rapporteur, assisté du capitaine Molin, du 18ᵉ régiment, greffier choisi par le dit rapporteur, interrogea le prince.

« A lui demandé ses nom, prénoms, âge et lieu de naissance ?

A répondu se nommer Louis-Antoine-Henri de Bourbon, duc d'Enghien, né le 2 août 1772, à Chantilly.

A lui demandé où il a résidé depuis sa sortie de France ?

A répondu qu'après avoir suivi ses parents, le corps de Condé s'étant formé, il avait fait toute la guerre et qu'avant cela il avait fait la campagne de 1792 en Brabant, avec le corps de Bourbon.

A lui demandé s'il n'était point passé en Angleterre et si cette puissance lui accorde toujours un traitement ?

A répondu n'y être jamais allé ; que l'Angleterre lui accorde toujours un traitement, et qu'il n'a que cela pour vivre.

A lui demandé quel grade il occupait dans l'armée de Condé ?

A répondu : Commandant de l'avant-garde avant 1796, avant cette campagne comme volontaire au quartier général de son grand-père et toujours, depuis 1796, comme commandant de l'avant-garde.

A lui demandé s'il connaissait le général Pichegru; s'il a eu des relations avec lui ?

A répondu : Je ne l'ai, je crois, jamais vu. Je n'ai point eu de relations avec lui. Je sais qu'il a désiré me voir. Je me loue de ne l'avoir point connu, d'après les vils moyens dont on dit qu'il a voulu se servir, s'ils sont vrais.

A lui demandé s'il connaît l'ex-général Dumouriez, et s'il a des relations avec lui ?

A répondu : Pas davantage.

De quoi a été dressé le présent, qui a été signé par le duc d'Enghien, le chef d'escadron Jacquin, le lieutenant Noirot, les deux gendarmes et le capitaine-rapporteur.

Avant de signer le présent procès-verbal, le duc d'Enghien a dit : « Je fais avec instance la demande d'avoir une audience particulière du premier consul. Mon nom, mon rang, ma façon de penser et l'horreur de ma situation me font espérer qu'il ne se refusera pas à ma demande. »

A deux heures du matin, on passa dans la salle où siégeait la commission et où l'on avait disposé les meubles en manière de prétoire et la délibération commença. Un des juges proposa de transmettre au premier consul le vœu formulé par le prisonnier, mais le général Savary, consulté, assura que cette démarche déplairait à Bonaparte et l'on passa outre. On introduisit le prévenu et l'on ouvrit les portes du salon pour donner « aux débats » un semblant de publicité. On pense bien qu'à une pareille heure, il n'entra que quelques officiers des troupes concentrées à Vincennes ; derrière le fauteuil du général Hullin, Savary debout, le dos à la cheminée se chauffait.

Le duc d'Enghien répéta ce qu'il avait dit dans l'interrogatoire du capitaine-rapporteur et persista dans sa déclaration. Il ajouta qu'il était prêt à faire la guerre, et qu'il désirait avoir du service dans la nouvelle guerre de l'Angleterre contre la France. « Lui ayant été demandé s'il avait quelque chose à présenter dans ses moyens de défense, a répondu n'avoir rien à dire de plus.

« Le président fait retirer l'accusé ; le conseil délibérant à huis-clos, le président recueille les voix, en commençant par le plus jeune en grade ; ensuite, ayant émis son opinion le dernier, l'unanimité des voix a déclaré le duc d'Enghien coupable et lui a appliqué l'article... de la loi du... ainsi conçu... et en conséquence l'a condamné à la peine de mort. Ordonne que le présent jugement sera exécuté de suite à la diligence du capitaine-rapporteur, après en avoir donné lecture au condamné, en présence des différents détachements des corps de la garnison. Fait, clos et jugé sans désemparer à Vincennes les jour, mois et an au-dessus et avons signé. »

« Ce jugement rendu, dit M. Nougarède de Fayet dans son excellent ouvrage [1], le président Hullin en fit aussitôt donner avis au général Savary et au capitaine-rapporteur, afin qu'ils eussent à prendre les dispositions nécessaires pour son exécution, et lui-même s'occupa de le rédiger.

« Pendant qu'il remplissait cette formalité, le général Savary et le capitaine rapporteur s'étaient concertés avec le commandant Harel pour l'exécution. La cour et l'esplanade étant encombrées de troupes, on résolut de conduire le prince dans les fossés du château, et Harel reçut l'ordre de donner à cet effet toutes les clefs et les indications nécessaires, ainsi que de faire chercher un ouvrier qui pût creuser la fosse destinée au condamné. Un jardinier, nommé Bontemps, qui demeurait dans le château, fut appelé. Bontemps étant descendu dans le fossé avec sa pelle et sa pioche, imagina, pour aller plus vite, de se servir d'un trou qui avait été creusé la veille au pied du Pavillon de la Reine, dans l'encoignure d'un petit mur pour y déposer des décombres ; et ayant placé sur le mur, pour s'éclairer, une lanterne garnie de plusieurs chandelles, il acheva de creuser la fosse à la dimension

---

[1] *Recherches historiques sur le procès et la condamnation du duc d'Enghien*, par M. Aug. Nougarède de Fayet.

convenable. En même temps le général Savary donna l'ordre de commander un piquet pour l'exécution, ainsi que de disposer et de faire descendre dans le fossé les divers détachements des corps de la garnison qui devaient y assister. »

Celui dont on creuse la tombe ne soupçonne nullement ce qui se prépare ; reconduit à sa prison par le lieutenant Noirot, il retrouve en lui un ancien officier du régiment de Royal-Navarre qui se souvient d'avoir vu autrefois le prince, enfant, chez M. de Crussol, colonel de son régiment. Il se montre tout heureux de la rencontre, se met à lui parler de tous ses souvenirs et s'informe de ce qu'a fait son gardien depuis 1789, s'il est content de sa situation...

La conversation est interrompue par l'arrivée de Harel qui, sans annoncer au prince le lieu où il le conduit, le prie de le suivre et le précède, une lanterne à la main, dans la cour et dans les divers passages qu'il faut traverser ; le lieutenant Noirot, les deux gendarmes et le brigadier Aufort escortent le condamné. On arrive ainsi près de la tour dite *du Diable*, qui, à cette époque, contenait le seul escalier qui aboutit aux fossés. En apercevant cet escalier tortueux et sombre, le prince étonné s'arrête, et s'adressant à Harel, lui dit :

— Où me conduisez-vous ? Si ce n'est pour m'enterrer vivant dans un cachot, j'aime encore mieux mourir sur-le-champ.

— Monsieur, répond Harel, veuillez me suivre et rappeler tout votre courage.

Le prince descend ; arrivé au bas de l'escalier, on suit quelque temps les fossés jusqu'au pied du Pavillon de la Reine, on tourne à droite et le prince se trouve en face d'un peloton d'une quinzaine de gendarmes, l'arme au pied. La pluie tombe ; quelques rares lanternes éclairent cette scène ; un silence de mort règne dans le fossé.

L'adjudant Pelé, qui commande le détachement s'avance vers le prince et lui donne lecture du jugement de la Commission. Le prince l'écoute, comprend ; aucune émotion ne trahit l'agitation de son âme. Après un moment de silence, il demande si quelqu'un dans l'assistance veut lui rendre un dernier service. Le lieutenant Noirot s'approche et tous deux causent un instant à l'écart.

Le lieutenant se retourne et demande : « Gendarmes, l'un d'entre vous a-t-il une paire de ciseaux ?

Alors on fait passer de main en main une paire de ciseaux que M. Noirot remet au prince. Celui-ci s'en sert pour couper une mèche de ses cheveux qu'il enveloppe dans du papier avec un anneau d'or qu'il portait au doigt et la lettre qu'il avait écrite avant le souper et remet le tout au lieutenant Noirot en le priant de le faire parvenir à la princesse de Rohan-Rochefort. Il demande ensuite un prêtre pour se confesser ; on lui répond qu'il n'y en a pas au château et que ceux du village sont couchés à l'heure qu'il est. Le prince se recueille un instant, semble prier avec ferveur et vient se placer en face du peloton, près de la fosse creusée au pied de la muraille. L'adjudant commande le feu et le duc d'Enghien tombe percé de plusieurs balles. Un des gendarmes se penche, constate le décès, retire d'une poche le journal que le prince portait sur lui et, immédiatement, on met le corps tout habillé dans la fosse que l'on recouvre de terre à la hauteur d'un pied. Les gendarmes reprennent leurs armes et s'éloignent sous la pluie qui n'a pas cessé de tomber, fine et glaciale.

Cette mort tragique causa une consternation générale qui s'étendit jusqu'aux serviteurs, aux amis et aux parents de Bonaparte ; à Saint-Pétersbourg un service funèbre fut célébré pour le jeune Condé ; sur le cénotaphe on lisait : « Au duc d'Enghien, *quem devoravit bellua corsica* ». Le cabinet de Russie adressa des représentations vigoureuses contre la violation du territoire de Bade. Louis XVIII renvoya au roi d'Espagne l'ordre de la Toison d'Or dont Bonaparte venait d'être décoré et Gustave-Adolphe, le détrôné et le banni, renvoya au roi de Prusse le cordon de l'Aigle-Noir, déclarant à l'héritier du grand Frédéric que « d'après les lois de la chevalerie, il ne pouvait pas consentir à être le frère d'armes de l'assassin du duc d'Enghien » (Bonaparte avait l'Aigle-Noir).

Le *Mémorial de Sainte-Hélène* nous apprend que, dans son lointain exil, Napoléon parlait souvent du duc d'Enghien : « Et j'ai appris depuis, mon cher, disait-il au comte de Las Cases, qu'il m'était favorable ; on m'a assuré qu'il ne parlait pas de moi sans quelque admiration ; et voilà pourtant la justice distributive d'ici-bas !... Assurément, si j'eusse été instruit à temps de certaines particularités concernant les opinions et le naturel du prince ; si surtout j'avais vu la lettre qu'il m'écrivit et qu'on ne me remit, Dieu sait par quels motifs, qu'après qu'il n'était plus, bien certainement j'eusse pardonné. » D'autre part, il dit dans son testament : « J'ai fait arrêter et juger le duc d'Enghien, parce que cela était nécessaire à la sûreté, à l'intérêt et à l'honneur du peuple français, lorsque le comte d'Artois entretenait, de son aveu, soixante assassins dans Paris. Dans une semblable circonstance, j'agirais encore de même. »

Plus tard, Caulaincourt, Rovigo, Ordener, Hullin, Talleyrand, Dupin prirent la plume pour jeter un peu de lumière sur cette ténébreuse affaire ou pour se disculper.

Parmi ces écrits, le plus remarquable est la brochure que le comte Hullin fit paraître sous ce titre : *Explications offertes aux hommes impartiaux par M. le comte Hullin au sujet de la commission militaire instituée en l'an XII pour juger le duc d'Enghien.*

« Le 29 ventôse an XII, dit le comte Hullin, à sept heures du soir, je reçus l'avis de me rendre de suite chez le gouverneur de Paris, le général Murat. Ce général m'ordonna de me transporter dans le plus bref délai possible au château de Vincennes, en qualité de président d'une commission qui devait s'y assembler, et sur l'observation que j'avais besoin d'un ordre de sa main, il ajouta « Cet ordre vous sera envoyé avec l'arrêté du Gouvernement aussitôt votre arrivée à Vincennes. Partez promptement : à peine y serez-vous arrivé que ces pièces vous parviendront. » Telles furent ses propres expressions.

J'ignorais entièrement le but de cette commission ; longtemps après mon arrivée à Vincennes je l'ignorais encore. Les membres qui devaient la composer avec moi arrivèrent successivement aux heures indiquées par les ordres respectifs qu'ils avaient reçus. Interrogé par eux *si je savais pourquoi l'on nous rassemblait, je leur répondis que je n'en étais pas plus instruit qu'eux.* Le commandant même du château de Vincennes, M. Harel, me répondit sur la question que je lui fis à ce sujet, *qu'il ne savait rien,* et ajouta, voyant ma surprise :

Que voulez-vous ? je ne suis plus rien ici ; tout se fait sans mes ordres et sans ma participation. C'est un autre qui commande ici.

« En effet, la gendarmerie d'élite remplissait le château ; elle en avait occupé tous les postes, et les gardait avec tant de sévérité qu'un des membres de la commission resta plus d'une heure sous le guichet sans pouvoir se faire reconnaître.

« Un autre, ayant reçu l'ordre de se rendre de suite à Vincennes, sans autre explication, s'imagina qu'on l'y envoyait pour tenir prison.

« Ainsi, nous allions nous trouver juges dans une cause trop malheureusement célèbre, sans qu'aucun de nous n'y fût préparé . . . . . .

« Je dois observer que mes collègues et moi, nous étions entièrement étrangers à la connaissance des lois. Chacun avait gagné ses grades sur le champ de bataille ; aucun n'avait la moindre notion en matière de jugement, et, pour comble de malheur, le rapporteur et le greffier n'avaient guère plus d'expérience que nous.

« La lecture des pièces donna lieu à un incident. Nous remarquâmes qu'à la fin de l'interrogatoire prêté devant le capitaine-rapporteur, le prince, avant de signer, avait tracé de sa propre main quelques lignes où il exprimait le désir d'avoir une explication avec le premier Consul. Un membre fit la proposition de transmettre cette demande au gouvernement. La Commission y déféra ; mais au même instant, le général qui était venu se poser derrière mon fauteuil, nous représenta que cette demande était *inopportune*. D'ailleurs, nous ne trouvâmes dans la loi aucune disposition qui nous autorisât à surseoir. La commission passa donc outre . . . .

« Nous étions liés par nos serments au gouvernement d'alors. Nommés juges, il nous a fallu être juges, à peine d'être jugés nous-mêmes. Juges d'après les lois que nous n'avions pas faites, et dont nous étions malheureusement constitués les organes : Pourquoi ces lois interrogées par nous, ne nous ont-elles jamais répondu que par une peine cruelle qu'elles ne nous offraient aucun moyen d'adoucir ? Il fallait, nous disait-on, nous déclarer *incompétents*. Pour cela, il eût fallu que le moyen eût été proposé. Nous n'étions pas jurisconsultes ; pour nous notre compétence semblait résulter du seul fait qu'un arrêté du gouvernement nous ordonnait de juger.

« Il fallait, du moins, lui donner un défenseur, et tout ce que vous dites avoir ignoré aurait été plaidé pour le prince. Cette négligence extrême du capitaine-rapporteur aurait été réparée par moi ; mais le prince n'a pas demandé de défenseurs, et aucun des membres ne me rappela ce devoir.

« J'en dirai autant des illégalités de l'instruction et des vices que l'on reproche à la rédaction du jugement.

« Seulement, j'observerai, quant à la double minute, que l'estimable auteur de la *Discussion des actes de la Commission militaire*, imprimée chez Beaudouin frères, a ignoré un fait qui n'était pas écrit dans les pièces.

« Le dossier qui lui a été communiqué, et qui n'a pu l'être que par celui que j'avais rendu, en 1815, dépositaire de mes papiers, était mon dossier particulier et non le dossier officiel du gouvernement qui devrait se trouver dans les archives de la guerre ou de la police avec le rapport du conseiller d'Etat Réal et les réponses du prince.

« Cette seconde rédaction, qui constituait la *vraie minute*, aurait dû rester seule, l'autre aurait dû être anéantie sur-le-champ; si elle ne l'a pas été c'est un oubli de ma part. Voilà l'exacte vérité !

« Au surplus, il ne peut, en aucun cas, en résulter aucun reproche contre nous et nous admettons volontiers, à ce sujet le dilemme proposé par le *Journal des Débats*. C'est que, de toute manière, il ne pouvait pas être procédé de suite à l'exécution du jugement. On ne pouvait même pas y procéder sur la première minute, car elle était incomplète, quoique signée de nous ; elle comptait des blancs non remplis, elle n'était pas signée du greffier. Ainsi, le rapporteur et l'officier chargés de l'exécution n'auraient pu, saus prévarication, voir là un véritable jugement. Et quant à la seconde rédaction, la seule vraie, comme elle ne portait pas l'ordre *d'exécuter de suite*, mais seulement de *lire* de suite le jugement au condamné, l'exécution de suite ne sera pas le fait de la Commission, mais seulement de ceux qui auraient pris, sur leur responsabilité propre de brusquer cette fatale exécution.

« Hélas ! nous avions bien d'autres pensées ! A peine, le jugement fut-il signé, que je me mis à écrire une lettre dans laquelle, me rendant en cela l'interprète du vœu unanime de la Commission, j'écrivais au premier Consul pour lui faire part du désir qu'avait exprimé le prince d'avoir une entrevue avec lui, et aussi pour le conjurer de remettre une peine que la rigueur de notre position ne nous avait pas permis d'éluder.

« C'est à cet instant qu'apparut un homme, qui s'était constamment tenu dans la salle du conseil, et que je nommerais à l'instant, si je ne réfléchissais que, même en me défendant, il ne me convient pas d'accuser... « Que faites-vous là ? me dit-il, en s'approchant de moi. — J'écris au premier consul, lui répondis-je, pour lui expliquer le vœu du conseil et celui du condamné.—Votre affaire est finie, me dit-il en prenant la plume, maintenant cela me regarde. » J'avoue que je crus, et plusieurs de mes collègues avec moi, qu'il voulait dire : *cela me regarde d'aver-*

tir le premier consul. La réponse, entendue en ce sens, nous laissait l'espoir que l'avertissement n'en serait pas moins donné. Je me rappelle seulement le sentiment de dépit que j'éprouvai de me voir ainsi enlever par un autre la plus belle prérogative d'une fonction qui est toujours si pénible.

« Et comment nous serait-il venu à l'idée que qui que ce fût, auprès de nous, avait l'ordre de négliger les formalités voulues par les lois?

« Je m'entretenais de ce qui venait de se passer sous le vestibule contigu à la salle des délibérations; des conversations particulières s'étaient engagées. J'attendais ma voiture qui, n'ayant pu entrer dans la cour intérieure, non plus que celle des autres membres, retarda mon départ et le leur. Nous étions nous-mêmes enfermés, sans que personne pût communiquer au dehors, lorsqu'une explosion se fit entendre !... bruit terrible qui retentit au fond de nos âmes et les glaça de terreur et d'effroi.

« Oui, je le jure au nom de tous mes collègues, cette exécution ne fut point autorisée par nous : notre jugement portait qu'il en serait envoyé une expédition au ministre de la guerre, au grand juge ministre de la justice et au général en chef, gouverneur de Paris.

« L'ordre d'exécution ne pouvait être régulièrement donné que par ce dernier. Les copies n'étaient pas encore expédiées; elles ne pouvaient pas être terminées avant qu'une partie de la journée se fût écoulée. Rentré dans Paris j'aurais été trouver le gouverneur, le premier Consul, que sais-je ?... Et tout à coup un bruit affreux vint nous révéler que le prince n'existe plus.

« Nous ignorons si celui qui a si cruellement précipité cette exécution funeste avait des ordres. S'il en avait, la commission, étrangère à ces ordres, la commission tenue en charte privée, la commission dont le dernier vœu était pour le salut du prince, n'avait pu ni en prévenir, ni en empêcher les effets. On ne peut l'en accuser. »

Le corps du malheureux prince resta dans les fossés de Vincennes jusqu'en 1816, époque où Louis XVIII donna ordre de l'exhumer et de le transporter dans la chapelle du château. On plaça les restes du dernier Condé dans un cercueil de plomb enfermé lui-même dans un cercueil de chêne recouvert de velours cramoisi. On déposa momentanément ce cercueil dans une chapelle ardente établie dans la salle même où la commission militaire avait rendu son jugement, puis dans le sanctuaire de la Sainte-Chapelle du château où fut élevé un monument, œuvre de Dessène, se composant d'une sorte de sarcophage au-dessus duquel on voit le prince, en uniforme d'officier général, appuyé sur la Religion ; au-dessus, la France enchaînée pleure devant le Crime. Il y avait une inscription ainsi conçue :

OSSA-HIC-SITA-SVNT
LVD-ANTON-HENRICI-BORBONII-CONDAEI-DVCIS-ENGVIANI
QVI-DVM-EXVLANTE-LEGITIMO-REGE
APVD-EXTEROS-VLTRA-RHENVM-HOSPITARETVR
INSIDIIS-TYRANNI-SPRETO-IVRE-GENTIVM-INTERCEPTVS
INTRA-HVIVSCE-CASTELLI-MVNIMENTA
NEFARIE-DAMNATVS-ET-PERCVSSVS-OCCVBVIT
NOCTE-VIGESIMA-PRIMA-MARTII-MDCCCIV
NATVS-ANNOS-XXXI-MENSES-VII-DIES-XIX

LVDOVICVS-XVIII-AVITO-SOLIO-REDDITVS
DESIDERATISSIMI-PRINCIPIS-RELIQVIAS
TVMVLTVARIE-TVM-DEFOSSAS-REQVIRI
ATQVE-SACRIS-PIACVLARIBVS-RITE-INSTITVTIS
HOC-MONVMENTO-CONDI-IVSSIT-D. XIV-FEBR. A. MDCCCXVI.

que l'on peut traduire ainsi :

Ici sont déposés les restes de Louis-Antoine-Henri de Bourbon-Condé, duc d'Enghien *qui, le roi légitime étant exilé, recevait l'hospitalité au delà du Rhin. Il fut pris par surprise dans un piège tendu par un tyran au mépris du droit des gens et criminellement condamné et frappé dans l'intérieur des murs de ce château-fort où il succomba dans la nuit du 21 mars 1804, âgé de 31 ans 7 mois 19 jours.*

Louis XVIII, rendu au trône de ses pères, ordonna

de rechercher les restes, enfouis à la hâte, de ce prince à jamais regretté et de les placer dans ce monument après des prières expiatoires dites selon le rite le 14 février 1816.

En 1853, Napoléon III, qui trouvait ce monument trop en vue dans le sanctuaire de la chapelle, le fit transférer dans une petite salle voisine de la sacristie où il est bien à l'étroit. On a placé récemment en face du tombeau, contre le mur, la plaque de marbre contenant l'inscription que nous venons de reproduire ci-dessus.

Après la mort du duc d'Enghien, quatre ans s'écoulèrent sans qu'on amenât aucun prisonnier à Vincennes. Le château continua à être pendant ce temps considéré comme une place de guerre et demeura confié à la direction d'un commandant d'armes.

CHAPITRE XVI

Vincennes sous le premier Empire. — Louis XVII a-t-il été enfermé à Vincennes de 1804 à 1809 ? — Rétablissement des prisons d'Etat. — Les cardinaux noirs. — L'abbé de Boulogne. — Le marquis de Puyvert, etc.

Maintes fois, nous avons entendu émettre l'opinion que le château de Vincennes aurait été le théâtre d'un des actes de ce triste drame que fut le martyre du fils de Louis XVI. Certaines personnes prétendent que ses murs auraient servi d'asile au Dauphin en 1794 ; d'après d'autres, le malheureux prince aurait été enfermé au donjon de 1804 à 1809.

Il est vrai qu'on n'a pu appuyer la première de ces assertions d'un document quelconque et le souci de la vérité nous oblige à déclarer que, de notre côté, au cours de nos recherches sur Vincennes et son château, nous n'avons recueilli aucun indice qui puisse justifier cette opinion ; ce qui ne veut pas dire qu'elle soit insoutenable. Tant de points sont restés tellement obscurs dans l'histoire de l'infortuné prince ; un mystère tellement épais plane sur cette affaire qui a déjà fait couler tant d'encre et soulevé tant de polémiques que toutes les hypothèses méritent qu'on s'y arrête et qu'on examine leur degré de probabilité.

Un point important paraît déjà presque élucidé : il est avéré aujourd'hui que le jeune Louis XVII n'est pas mort au Temple. Les travaux d'un grand nombre de chercheurs et, en particulier de MM. Otto Friedrichs, Provins-Osmond etc. ne laissent, pour ainsi dire, aucun doute à ce sujet.

Parmi les récits faits sur les circonstances dans lesquelles le Dauphin serait sorti de la tour du Temple, en voici un qui pourrait, jusqu'à un certain point, servir à étayer l'opinion citée plus haut : « Un jour, le Prince, ayant reçu de son précepteur un coup particulièrement violent à la tête, était resté toute une matinée sans reprendre ses sens ; on le crut mort.

« La Commune, en apprenant la nouvelle, entra dans une vive agitation. Elle fit enlever le cadavre qu'on sortit de la Tour, dissimulé dans une paillasse, afin de l'enterrer clandestinement *hors Paris*.

« L'homme chargé de cette triste besogne s'aperçut au dernier moment que l'enfant respirait. Il en fut bouleversé et l'emporta chez lui. Là, on le soigna en grand secret. Il eut d'abord une méningite, puis une fièvre cérébrale, enfin, à force de soins, le malheureux enfant se remit.

« On constata alors qu'il avait perdu la mémoire. Il ne se souvenait de rien, pas même de son nom [1]. »

Il se pourrait, dans ces conditions, que ce fût dans le petit cimetière qui entourait alors la modeste église de Vincennes ou dans le bois voisin du château que l'on apporta le funèbre fardeau.

D'après une autre opinion, basée sur divers témoignages et documents, le cordonnier Simon, désigné par la Commune pour servir de précepteur au Dauphin, aurait prêté la main à un enlèvement du jeune prince lorsqu'il quitta ses fonctions et son logis du Temple en janvier 1794. Après la substitution d'un autre enfant au Dauphin, ce dernier aurait été conduit d'abord rue Phélippeaux [2], puis dans une localité des environs de Paris en attendant son départ pour une destination qui nous est encore inconnue.

Quelles que soient les conditions dans lesquelles Louis XVII quitta la tour du Temple, il est possi-

---

[1] *La Lecture de Versailles.* Avril 1906.

[2] La rue Phélippeaux était très voisine du Temple ; la rue Réaumur en occupe actuellement l'emplacement (G. Lenôtre *Louis XVII s'est-il évadé du Temple? Lectures pour Tous.* Octobre 1904).

ble de croire qu'il fut amené à Vincennes mais, en l'absence de documents et d'indices sérieux, il est permis aussi de se tenir sur une prudente réserve et de ne considérer cette opinion que comme une hypothèse assez vraisemblable quoique appuyée sur de bien fragiles bases.

La deuxième affirmation par laquelle Louis XVII aurait été enfermé au donjon de 1804 à 1809 s'appuie d'abord sur le récit fait par le prétendu Dauphin Naundorff, récit imprimé à Londres en 1836[1] dans lequel Naundorff déclara avoir été emprisonné de 1804 à 1809, mais sans pouvoir désigner précisément le lieu de sa détention. La description qu'il donne de cet endroit est assez vague et pourrait s'appliquer à bien des maisons de force : « Nous nous arrêtâmes, écrit-il, devant une porte qui donnait dans un haut édifice ; mes conducteurs ouvrirent cette porte au-delà de laquelle nous passâmes un long corridor qui se dirigeait de droite à gauche tellement que je ne savais plus où j'étais. On me déposa dans une oubliette. » Plus loin, il ajoute que, dans son cachot, la clarté du jour lui arrivait *assourdie telle qu'un rayon de lumière filtrant au travers d'une eau sale*. Il n'y a là, on le voit, rien de bien probant ; du reste, en 1804, le donjon n'était pas aménagé en prison ; il ne com-

---

[1] *Abrégé de l'histoire des infortunes du Dauphin fils de Louis XVI.* Londres, 1836. — (H. Daragon, Paris.)

mença à recevoir des prisonniers qu'en 1808 et le registre d'écrou de cette époque, conservé dans les archives de la préfecture de police, ne porte aucune mention d'un prisonnier inconnu pouvant laisser croire à la détention de Naundorff. Enfin, il n'existait pas de cachot souterrain à Vincennes à cette époque ; la fosse que l'on a prise quelquefois pour une oubliette avait une destination beaucoup plus prosaïque sur l'utilité de laquelle nous n'insisterons pas.

En somme, ce sont les écrivains qui se sont fait les avocats de Naundorff, entre autres M. Gruau de la Barre, qui ont tranché pour lui la question de situation.

« Il nous faut actuellement rentrer à Vincennes, écrit M. Gruau de la Barre, où, près de la fosse sanglante du duc d'Enghien, dans un véritable caveau, gémit enseveli l'héritier du trône de France auquel, par une sorte d'amère dérision, on a fait grâce de la vie... » Par ailleurs, il ajoute : « Comme on avait parlé d'un jeune prince et qu'en effet l'orphelin du Temple était incarcéré à Vincennes... etc. »

Qu'est-ce qui a pu déterminer M. Gruau de la Barre à préciser ainsi l'endroit où le Prince avait été enfermé de 1804 à 1809 ? Peut-être ces paroles de l'ex-impératrice Joséphine rapportées par un *ancien diplomate*[1] et contenues dans une réponse adressée par l'ex-impératrice au tsar Alexandre, en 1814, à la Malmaison : « C'est moi qui, de concert avec Barras, ai fait sortir le Dauphin du Temple, grâce à la complicité de mon domestique, originaire de la Martinique. Il fut nommé par mon influence, geôlier du Temple en remplacement de Simon. Barras substitua au Dauphin un enfant malingre afin d'éviter toute difficulté avec les comités révolutionnaires.

« Le Dauphin partit pour la Vendée.

« Le Dauphin fut enfermé pendant quatre ans dans le *donjon de Vincennes*. C'est encore moi, cette fois, qui fis évader le Dauphin, pour me venger du mariage de Napoléon avec Marie-Louise. »

La question est de savoir si, réellement, ces paroles ont été prononcées. A ces propos prêtés à des personnages disparus nous préfèrerions des écrits directs, des paroles incontestables. Or, il n'en existe pas à notre connaissance. De plus, il aurait été difficile au gouvernement impérial d'utiliser le château de Vincennes pour séquestrer un prisonnier quelconque de 1804 à 1809. Depuis l'affaire du 28 février 1791, que nous avons racontée plus haut, le donjon était resté passablement délabré, les tours de l'enceinte tombaient de

---

[1] *Mémoires d'un ancien diplomate sur Louis XVII*, p. 11. — Août 1900. Petite brochure publiée par Mgr Rigaud, de Limoges.

vétusté et, seul, le pavillon de la porte du bois réservé au commandant Harel, était habitable. La nouvelle de la détention d'un prisonnier n'aurait pas tardé à être connue au dehors si l'on songe que lorsque le duc d'Enghien fut conduit à Vincennes, on avait pris les plus grandes précautions pour cacher son identité, que ce fut sous le nom de Plessis que « ce conspirateur dangereux » avait été annoncé à Harel et que cependant une heure après l'arrivée du prisonnier, son nom était connu dans le village de Vincennes [1]

M. Henri Provins, dans la revue historique *La Légitimité*, organe de la survivance du roi-martyr, a posé la question à tous ceux que passionne cette énigme ; il a recueilli les opinions d'un grand nombre de savants et de chercheurs et sa conclusion, basée sur l'ensemble des réponses reçues, est que rien, dans les détails fournis par Naundorff, ne permet de supposer que ce soit dans un souterrain de Vincennes qu'il ait passé les années comprises entre 1804 et 1809. Cette conclusion nous paraît pleinement justifiée et nous nous y rangeons entièrement. [2]

---

[1] *Lettre de M. d'Assof à Henri Provins.* « La Légitimité. » Décembre 1904.

[2] Pour tout ce qui concerne l'étude de la Question Louis XVII, prière de s'adresser à la librairie H. Daragon qui publie en outre l'importante REVUE HISTORIQUE DE LA QUESTION LOUIS XVII. — (Catalogues spéciaux sur demande.)

Si Louis XVII ne fut pas emprisonné à Vincennes, le donjon reçut. de 1808 à 1814, de nombreux prisonniers de toutes conditions. Napoléon fit, en 1808, raser au niveau des remparts les tours de la vieille enceinte fortifiée, qui étaient dans un état de dégradation très avancé, et ne respecta que le donjon et la tour du village. Puis, comme il faisait, à cette époque, évacuer la prison du Temple, il donna ordre de transférer au donjon les prisonniers qu'elle contenait ; le 3 juin, l'ordre suivant fut envoyé au concierge du Temple. M. Fauconnier : « Le sénateur, ministre de la police générale de l'Empire, ordonne au concierge de la maison du Temple de remettre les prisonniers confiés à sa garde, à M. Paques, inspecteur général du ministère, qui est chargé de les faire transporter dans le donjon de Vincennes : après cette remise il se transportera à Vincennes, pour y recevoir lesdits prisonniers, dont il continuera à être chargé dans ladite prison.

« *Signé* : Fouché.

Les prisonniers remis à M. Paques étaient au nombre de dix-sept, et avaient été compromis, pour la plupart, dans les affaires de Georges Cadoudal ; d'autres étaient arrêtés pour manœuvres contre la sûreté de l'Etat ; d'autres enfin pour relations avec l'ennemi.

Plus tard, on démolit la prison et la tour du Temple et l'on envoya à Vincennes deux portes qui fermaient, dit-on, les cachots où avaient été enfermés Louis XVI et Marie-Antoinette. Ces portes furent placées au rez-de-chaussée du donjon où l'on peut les voir encore aujourd'hui.

Le 30 juin de la même année, Fouché envoyait des instructions concernant la prison du Donjon ; on y trouve les prescriptions suivantes :

« Le sieur Paques, inspecteur général du ministère, est chargé de surveiller l'exécution de cet ordre et de faire deux fois par semaine la visite du donjon ; il rendra compte chaque fois du résultat de son inspection, relativement au bon ordre de la prison et à la conduite des prévenus. Il veillera à ce que les aliments soient sains et propres. »

Puis viennent des prescriptions diverses ordonnant de loger, de préférence, les prisonniers dans les étages supérieurs, l'air y étant meilleur ; deux heures de promenade par chambrée devaient être accordées à des heures différentes ; enfin les détenus pouvaient être autorisés, en sollicitant la permission au ministre, à recevoir dans un parloir construit à cet effet des visites du dehors tous les dimanches et fêtes.

Le registre d'écrou de Vincennes, qui n'est autre que celui du Temple, à la suite duquel on a continué, a été déposé dans les archives de la préfecture police. Il contient les noms des quatre-vingt-douze prisonniers qui furent enfermés au donjon de 1808 à 1814. Presque tous les motifs inscrits sur ce registre en regard des noms des détenus sont ainsi conçus : *prévenus de manœuvres frauduleuses contre la sûreté de l'Etat.*

Les premiers, par ordre de date, sont cinq espagnols : Pierre Macanas, secrétaire intendant du prince des Asturies et du prince d'Espagne, qui y séjourne du 19 septembre 1808 au 3 juin 1809 ; Fernand Nunez de los Rios, secrétaire d'ambassade à Lisbonne et son frère, Joseph, général de brigade, du 20 septembre au 9 mai 1809 ; Laréa, agent diplomatique de Charles IV à Alger, du 20 septembre au 27 octobre ; Carmerero, officier de l'ambassade d'Espagne à Constantinople, du 25 septembre au 22 octobre.

Le 27 septembre, on reçoit un cultivateur nommé Bertillat dont le motif d'écrou déroge à la forme habituelle : « Le ministre de la police générale ordonne au concierge du donjon de recevoir et d'écrouer, en se conformant à la loi, le sieur Armand Bertillat, prévenu de manœuvres contre la sûreté de l'Etat. Il sera retenu au secret.

« *Signé* : Fouché. »

Ce Bertillat resta au secret jusqu'au 22 octobre et fut mis en liberté le 11 avril 1809.

Peu de temps après, le 1ᵉʳ novembre un nouveau commandant fût chargé de la direction du donjon, ce fut le lieutenant Gillet, de la gendarmerie de Sceaux, qui, nommé par décret de l'empereur, rendu à Bordeaux, le 2 août 1808, donna décharge à Fauconnier des prisonniers enfermés à Vincennes à ce moment.

En 1809, huit prisonniers nouveaux furent incarcérés, toujours pour manœuvres contre l'Etat ou pour intrigues avec l'étranger. Un d'eux, le capitaine d'Argenton, du 18ᵉ dragons, amené le 26 juillet et accusé d'intelligences avec les ennemis de l'Etat, fut extrait du donjon le 14 novembre et fusillé le 22 décembre.

En 1810, parut un décret, daté du 3 mars, qui désignait les prisons d'Etat et les portait au nombre de huit : Saumur, Ham, If, Lansdskronn, Pierre Châtel, Fenestrelle, Campiano et Vincennes. Quatorze prisonniers furent conduits au donjon pendant cette année ; parmi eux, on remarque un nommé Abad (Antonio), chef de bande de rebelles espagnoles, qui resta longtemps au secret et ne sortit qu'en 1814.

Dans la même année, on mit en liberté les frères Polignac, captifs depuis deux ans. Ils habitaient le quatrième étage, Armand, la chambre n° 43, Jules, celle n° 46. Ils avaient tracé dans l'épaisseur du mur, contre la croisée de la salle commune un méridien qui leur indiquait l'heure et que le prince de Polignac a pu retrouver en 1830, lors de sa seconde détention.

A cette époque, se trouvait enfermé Bernard-Emmanuel de Roux, marquis de Puyvert, qui commanda plus tard Vincennes après y avoir été enfermé six années. Il était né à Toulouse en 1756, de Sylvestre-Jean-François de Roux, marquis de Puyvert, premier président du Parlement de cette ville et de N. de Roux d'Alyonne. D'abord capitaine au régiment de Royal-Picardie, puis major en second dans celui de Guyenne, il émigra en 1791, devint successivement colonel, maréchal de camp et aide de camp de Monsieur. Honoré des pouvoirs du roi dans le midi de la France, il fut arrêté à Belleville, près de Paris, le 12 mars 1804 et enfermé d'abord au Temple puis à Vincennes et à Angers, d'où il ne sortit que le 15 avril 1814. Nous verrons plus tard que Louis XVIII le nomma gouverneur de Vincennes lors de la première Restauration ; il dut résigner ses fonctions pendant les Cent-jours pour les reprendre en 1815.

En 1811, on enferma un certain nombre d'ecclésiastiques à la suite de la querelle commencée deux ans auparavant entre le pape et l'empereur. Les principaux étaient les cardinaux Michel di Pietro, Jules Gabrielli, Charles Oppizoni, les évêques de Gand, de Troyes, de Tournay et les abbés d'Astros,

Perreau, Fontana, Isabelli et Grégorio que l'on a surnommés les *cardinaux noirs*. La captivité de l'abbé de Boulogne, évêque de Troyes, fut la plus rigoureuse; il fut gardé au secret dans la chambre du premier étage qui porte aujourd'hui le n° 11. On peut y voir les inscriptions et les dessins qu'il y traça sur les murs ; ce sont des sortes d'arabesques assez bien dessinées au milieu desquelles on lit en lettres capitales : *Miserere mei Deus secundum magnam misericordiam tuam ;* de l'autre côté, au milieu d'ornements semblables, on lit : *Domine exaudi orationem meam.*

Le 9 novembre 1811, le commandant du donjon reçut du sieur Desmarets, chef de la 1re division de la police, l'ordre suivant qui enjoignait de faire cesser le secret rigoureux auquel étaient soumis les prélats :

« J'ai l'honneur de vous informer, monsieur, que Son Excellence, par décision du 8 de ce mois, a jugé à propos d'autoriser les dispositions suivantes :

« 1° MM. les cardinaux *Oppizoni, Gabrielli, di Pietro* et les abbés *Isabelli, Fontana* et *Grégorio*, seront réunis et placés au premier étage avec un feu commun.

« 2° MM. les évêques *de Gand, de Troyes* et *de Tournay* et les abbés *Duvivier* et *Vandervelde* seront également réunis dans une même salle, au quatrième étage, avec un feu commun.

« 3° Les abbés *Dastros* et *Perreau* seront placés dans une même salle, avec un seul feu.

« Ces treize détenus, ainsi réunis, devront d'ailleurs continuer de rester au secret et n'avoir aucune communication avec les autres prisonniers du donjon. »

Tous ces personnages furent mis en liberté en 1812, après la conclusion du Concordat. L'abbé de Boulogne fut écroué une seconde fois le 28 novembre 1813, et ne sortit de Vincennes qu'en 1814.

Le commandant du donjon, Gillet, fut remplacé le 29 août 1811 par M. Lelarge, officier de la gendarmerie d'élite, en exécution d'un décret rendu par l'empereur le 22 du même mois. Le nouveau commandant donna à son prédécesseur décharge de trente prisonniers, actuellement au donjon, puis il transcrivit sur le registre les instructions particulières du duc de Rovigo. On y lit, entre autres, ces lignes qui prouvent que le commandant était le premier prisonnier du donjon :

« Je vous préviens, monsieur, que vous ne devez point passer le pont de votre château sans en avoir obtenu de moi une permission par écrit. »

On ordonnait, en outre, de rendre compte tous les jours au ministre seul, de l'état des prisonniers.

Un dernier article disait : « Le commandant doit voir si toutes les parties de la nourriture sont de bonne qualité ; si le vin particulièrement est bon, eu égard au prix de toutes choses ; si le linge fourni est payé au prix où il est porté dans l'état ; si les prisonniers sont tenus proprement ; si l'eau à boire est toujours nouvelle et de bonne qualité. »

L'année 1812 amena à Vincennes treize nouveaux prisonniers, la plupart étrangers et dont la captivité ne présente rien d'intéressant. En 1813, on enferma de nouveaux prisonniers de guerre et des personnes prévenues de *manœuvres séditieuses*. Tous sont mis en liberté en 1814 avec une précipitation qui s'explique par les évènements qui se passaient alors autour de Vincennes ; depuis le 31 mars, en effet, les alliés étaient maîtres de Paris et le château que Napoléon avait confié à la garde du général Daumesnil résistait seul en dépit de l'abdication de l'empereur et du vote du Sénat qui avait appelé Louis XVIII au trône.

CHAPITRE XVII

Le général Daumesnil, gouverneur de Vincennes. — Défense du château (1814). — Vincennes sous la première Restauration et pendant les Cent-jours. — Deuxième défense du château (1815).

Dès 1812, Napoléon avait nommé le général Daumesnil gouverneur de Vincennes; la veille de son départ pour la campagne de Russie, il lui avait dit : « j'ai besoin d'un homme sur lequel je puisse compter et j'ai songé à vous. C'est de Vincennes que partiront le matériel et les munitions nécessaires à l'armée. » Il avait prescrit, en même temps, au général-gouverneur de loger à Vincennes, de ne jamais découcher, et presque de ne pas s'absenter, tant il attachait d'importance à la responsabilité de cette place.

Daumesnil, à cette époque, avait trente-six ans. Fils de Jean-François Daumesnil, ancien capitaine de cavalerie, et de sa seconde femme Anne

Piétré, il était né à Périgueux le 26 juillet 1776 et avait reçu les prénoms d'Yriex-Pierre. Animé du goût des armes et des chevaux, il s'était engagé le 24 ventôse an II (15 mars 1794), comme volontaire, au 22e régiment de chasseurs à cheval. Il fit sa première campagne à l'armée des Pyrénées-Orientales pour combattre les Espagnols envahissant notre territoire et reçut, à Delne, sa première blessure, un coup de feu dans la cuisse, dont la gravité nécessita sa rentrée en France.

A peine guéri, il rejoignit son régiment à l'armée d'Italie, commandée par Bonaparte et fut nommé, en 1797, brigadier dans les Guides qui furent plus tard transformés en garde consulaire, puis en garde impériale. Il prit part ensuite à l'expédition d'Egypte, se distingua à Aboukir, où il s'empara de l'étendard du capitan Pacha, et au siège de Saint-Jean d'Acre, où il sauva la vie de Bonaparte.

Surnommé *le brave* par ses camarades, Daumesnil, qui n'était cependant encore que sous-officier, revint d'Egypte, passa sous-lieutenant dans les chasseurs à cheval de la garde des consuls et suivit de nouveau Bonaparte en Italie. Il assista à la grande bataille de Marengo (14 juin 1800) en prenant part à la brillante charge de cavalerie qui assura la victoire.

Nommé chef d'escadron après Austerlitz, il est en 1808 en Espagne, en 1809 à Eckmühl, où il est atteint d'un coup de lance. Colonel à trente-deux ans, Daumesnil commandait le régiment d'élite des chasseurs à cheval de la garde; c'est en chargeant à la tête de ses cavaliers qu'il eut, à Wagram, la jambe gauche brisée par un boulet : c'était sa dix-neuvième blessure, la plus grave de toutes. Le chirurgien en chef Larrey dut procéder à l'amputation.

Le 2 février 1812, Daumesnil était nommé général de brigade et gouverneur de Vincennes, titre créé pour lui par l'empereur. A peine eut-il pris le commandement de la place qu'il se mit à l'œuvre et déploya une prodigieuse activité dans les travaux gigantesques qu'il fit accomplir. Les cours du château furent converties en arsenal et encombrées de caissons et de projectiles ; un immense magasin à poudre est installé. On y voit arriver jusqu'à cent cinquante voitures de poudre par jour et, dans les années 1812, 1813, 1814 et 1815, la fabrication s'éleva jusqu'à trois cent cinquante mille cartouches d'infanterie et quarante mille gargousses dans une seule journée.

En 1814, l'Europe entière est en armes ; l'invasion étrangère fond sur la France, l'empire est renversé ; Paris et ses environs sont tout à coup cernés par les troupes des alliés. Daumesnil se prépare à une défense énergique et déclare qu'il se fera sauter plutôt que de se rendre. Quelques jeunes soldats sont effrayés de cette virile résolution et manifestent des craintes. Daumesnil l'apprend et, après s'être assuré de la plus grande partie de la garnison, il chasse ces hommes timorés et fait murer la poterne par laquelle ils sont sortis.

Le 30 mars 1814, Paris capitulait et la convention signée à cet effet stipulait que l'immense matériel qui couronnait les hauteurs de la capitale devait être remis le lendemain, à la pointe du jour, entre les mains de l'ennemi. Pendant la nuit, Daumesnil fait une sortie et, à l'aide de deux cent cinquante chevaux qu'il avait à sa disposition, il enlève et introduit dans la forteresse tout ce qu'il peut de fusils, de canons et de munitions ; le tout a été évalué à plusieurs millions et porte à quatre-vingt-dix millions l'évaluation du matériel renfermé au château.

Le lendemain, les commissaires des Alliés se présentent pour entrer en possession de ce qu'ils croient leur appartenir et ils apprennent que Daumesnil s'en est emparé. Ils se rendent à Vincennes où le brave gouverneur leur déclare qu'il refuse de reconnaître la capitulation ; on lui représente en vain qu'elle a été faite en vertu des pouvoirs donnés par le roi Joseph au nom de Napoléon et qu'il est compris lui-même dans l'article qui le concerne. Daumesnil répond qu'il tient ses pouvoirs de l'empereur et qu'il ne s'en départira que sur un ordre de lui seul. Un des commissaires veut lui faire comprendre combien son obstination est folle et inutile, que Paris et ses environs sont au pouvoir de l'ennemi, qu'on prendra Vincennes par la famine si on veut et qu'on fera sauter le château si ses défenseurs ne se rendent pas. Pour toute réponse, Daumesnil conduit le commissaire étranger dans un magasin où se trouvaient entassés dix-huit cent milliers de poudre et lui dit : « Venez, nous sauterons ensemble ! Et si je vous rencontre en l'air, je réponds de ne pas passer sans vous faire une petite blessure ! »

Le commissaire se retire alors et Daumesnil, persistant dans sa résolution, ne rend la place qu'après l'abdication de l'empereur et seulement entre les mains du nouveau gouvernement français.

Louis XVIII remplaça le brave défenseur de Vincennes par le marquis de Puyvert qui avait été prisonnier au château pendant l'Empire. Le nouveau gouverneur ne resta pas longtemps en fonctions, car le 20 mars 1815, Napoléon, de retour de l'île d'Elbe, était aux Tuileries. Le matin même le général Merlin, accompagné de deux aides de camps et de deux gendarmes, avait pris possession du château avant l'arrivée de Napoléon à Paris.

« Le 20 mars 1815, au matin, dit Patchouna dans *l'Intermédiaire des Chercheurs*, le général Eugène

Merlin sortit de chez lui à cheval pour aller aux nouvelles du côté de la barrière de Fontainebleau. Sur le boulevard il rencontra le colonel Dubignon, depuis commandant du Palais-Royal, et en reçut le conseil de s'en aller mettre à la disposition du général Exelmans, qui venait de s'emparer des Tuileries et dirigeait le mouvement bonapartiste dans Paris. Le général Merlin trouva effectivement le général Exelmans dans la cour du château, « Merlin, lui dit le général, vous arrivez à propos pour nous rendre un grand service. Paris est à nous, mais nous ne sommes pas encore maîtres de Vincennes. C'est une position importante, remplie de troupe et de canons et qui peut nous inquiéter ; il faut absolument l'occuper, avant l'arrivée de l'empereur. Chargez-vous de cette mission. »

« Le général Merlin partit aussitôt avec un drapeau tricolore, deux gendarmes des chasses du roi et deux officiers à demi-solde que lui donna le comte Exelmans, et auxquels le général fit monter les chevaux de ses domestiques. Après avoir traversé le faubourg Saint-Antoine, où la vue de leurs cocardes aux couleurs nationales souleva des acclamations enthousiastes, tous cinq se dirigèrent au galop sur Vincennes. Arrivés au chemin de Saint-Mandé, ils aperçurent en avant un corps de troupes nombreux qui barrait la route.

« L'un des officiers, envoyé en reconnaissance, revint dire au général qu'il y avait là douze cents volontaires royaux, fort animés, et paraissant disposés à faire résistance. Sans hésiter, le général reprend le galop et, parvenu devant le front de la troupe, demande d'une voix haute qui commandait ici : « Je me nomme le marquis de l'Etang, répond un officier. – Eh bien, reprend le général, monsieur le marquis de l'Etang, au nom de S. M. l'Empereur, qui vient d'entrer dans Paris, je vous somme, vous et vos hommes, de mettre bas les armes, et de vous retirer. » M. de l'Etang répondit qu'il ne refusait pas à obéir, mais qu'il lui fallait un ordre écrit. Le général descend de cheval, prend un morceau de papier et un crayon que lui présente un des volontaires, et sur son chapeau écrit l'ordre qu'il remet à M. de l'Etang. Le détachement des volontaires royaux se disperse aussitôt, en laissant libres les abords de la place.

« Le général Merlin se présente à la porte du château et demande à parler au gouverneur Ce gouverneur était le marquis de Puyvert, ancien chef de Vendéens, et que l'empereur avait fait détenir prisonnier pendant plusieurs années dans cette même forteresse de Vincennes qu'il commandait en ce moment au nom de Louis XVIII. Un officier vient au-devant du général et l'invite à entrer dans la place ; c'était le colonel Hugo, frère du général de ce nom et oncle de Victor Hugo. « Mais, dit le général Merlin, quelle garantie m'offrez-vous pour ma sûreté personnelle et celle de mon escorte ? — Ma parole, répond le colonel Hugo. » Le général franchit la porte. Il est introduit chez le gouverneur, qu'il trouve entouré d'un nombreux état-major.

« Monsieur le marquis, lui dit-il à voix haute, je viens, au nom du commandant de la place de Paris, vous inviter à me remettre, sans délai, la place de Vincennes. — Général, répond M. de Puyvert, pensez-vous que je vous remette ainsi Vincennes, sans tirer un coup de canon ? Le feriez-vous, si vous étiez- à ma place ?. — Eh quoi ! monsieur, s'écrie le général Merlin en s'avançant brusquement vers le gouverneur, eh quoi ! l'empereur est venu de Cannes à Paris sans brûler une amorce, et vous parlez de tirer du canon ? Je vous rends responsable de ce que vous allez faire ; réfléchissez. » M. de Puyvert parut atterré. Il demanda qu'au moins il lui fût permis de conférer avec son conseil de défense. Le général passa dans une pièce voisine, et, au bout de cinq minutes, le gouverneur lui envoya demander à capituler. La capitulation fut aussitôt dressée en triple expédition. La place de Vincennes était remise au géné-Merlin, sous la seule condition que le gouverneur et ses officiers auraient la faculté de se retirer. Le général descendit dans la cour, mit en voiture M. de Puyvert, fit lever le pont et prêter serment à la garnison assemblée. Un des officiers d'ordonnance partit aussitôt pour Paris, afin de porter la nouvelle à l'empereur, qu'il rencontra dans la cour des Tuileries au moment où il arrivait de Fontainebleau. Le soir même, le général Bertrand écrivait au nom de l'empereur au général Merlin pour le féliciter. Vincennes était la seule place de guerre qui depuis le débarquement au golfe de Jouan, se fût rendue par capitulation. Il y avait dans le fort neuf cents hommes de garnison, vingt-cinq mille fusils et un parc d'artillerie considérable.

« A la seconde restauration, le général Merlin suivit en Belgique le comte Merlin de Douai, son père, porté sur la liste de proscription du 24 juillet et il put sortir de France sans avoir été inquiété. »

Daumesnil fut pour la fois, pourvu du commandement de Vincennes et lorsque, le 18 juin, Waterloo renversa l'empire et entraîna l'abdication de l'empereur, les uhlans et les cosaques qui foulaient de nouveau le sol de la France trouvèrent encore l'intrépide *Jambe de bois* debout sur les remparts de la vieille forteresse. Daumesnil devait encore déployer son courage et son énergie pour soustraire aux armées coalisées l'immense matériel dont il était dépositaire. Il avait cette fois sous ses ordres un bataillon d'élite, des vétérans, parmi lesquels beaucoup d'invalides, résolus à une vigoureuse résistance. A leur tête, il effectua plusieurs sorties dans lesquelles il enleva deux cents pièces de canons de gros calibre, cinq mille fusils et une grande quantité de caissons garnis d'affûts ; il introduisit le tout dans le fort. C'est au retour d'une de ces expéditions fructueuses qu'il s'écria gaiement en constatant que pas un de ses braves invalides ne manquait à l'appel : « L'ennemi a respecté le jeu de quilles et n'a pas osé y jeter ses boules de fer. »

On lui envoie un parlementaire pour le sommer de se rendre. Daumesnil l'accueille du haut des remparts et lui fait, avec l'accent ironique de sa gaieté gauloise, cette réponse à la fois sublime et spirituelle que le souvenir de son nom met encore dans toutes les bouches : « Je vous rendrai la place lorsque vous m'aurez rendu ma jambe. » Le général prussien Blücher, sachant qu'il était pauvre, lui offrit un milion qui épargnerait l'effusion du sang et assurerait l'avenir de sa famille. Daumesnil répond : « Allez dire à votre général que je garde sa lettre et la place : cette dernière pour la conserver au pays qui me l'a confiée ; sa lettre, pour la donner en dot à mes enfants. » Ce furent cette fière énergie et cette incorruptibilité à toute épreuve qui lui valurent ce sublime éloge que jeta, dix-sept ans plus tard, le Président Dupin sur les cendres du héros : « *Il n'a voulu ni se rendre ni se vendre.* »

Ce n'est qu'après un blocus de cinq mois et sur l'intervention directe du nouveau gouvernement de la France que le sort de Vincennes va enfin se décider. Daumesnil consentit à entrer en négociations avec le commandant en chef des troupes assemblées sous les murs de la forteresse, mais en fixant lui-même pour principales conditions qu'il remettrait la place aux commissaires du roi de France en même temps que la totalité du matériel de guerre enfermé dans l'enceinte resterait la propriété du pays et que le territoire entier de Vincennes serait respecté.

Le général ordonne enfin de baisser le pont levis du château et il sort en grande tenue à la tête de la garnison après avoir le dernier en France arboré le drapeau national et porté la cocarde tricolore.

Louis XVIII mit à la retraite la brave *Jambe de bois* qui se retira sans bruit sur les bords de la Seine à quelques lieues de Paris (entre Ris et Corbeil) et M. de Puyvert reprit possession de son poste de gouverneur que le retour de Napoléon lui avait si brusquement retiré.

CHAPITRE XVIII

Vincennes sous Louis XVIII. — Charles X et Louis-Philippe. — Les ministres de Charles X au donjon. Mort de Daumesnil. — Transformations.

A peine rétabli sur le trône de ses ancêtres, Louis XVIII fit procéder à l'exhumation des cendres du duc d'Enghien, à leur transport dans la chapelle du château et à l'érection du monument dont nous avons parlé plus haut. Pendant cette même année (1816), on établit à Vincennes une école d'artillerie pour la garde royale ainsi qu'un polygone. En 1819, on construit la salle d'armes au rez-de-chaussée de laquelle on remise du matériel d'artillerie. Quant au donjon, il est de nouveau ouvert à la curiosité publique et nul ne se doute, à cette époque, qu'il puisse devenir une prison d'Etat.

En 1826, le cimetière du village, situé derrière l'église, est transféré route de Fontenay, loin des habitations. En 1830, une nouvelle église fut bâtie sur l'emplacement de l'ancienne ; elle eut pour architecte M. Lesueur, membre de l'Institut.

La même année, à la suite des trois glorieuses journées, le peuple, se rappelant la belle défense de Daumesnil, se porta en foule à sa maison de campagne.

« A Vincennes ! à Vincennes, général, criait-on de toutes parts. Vive Daumesnil ! vive la jambe de bois ! »

Appelé par Louis-Philippe, le général, suivi par les acclamations populaires, se rendit au Palais-Royal où le lieutenant général du royaume, Louis-Philippe, le lendemain roi des Français, vint au-devant de lui et, lui ayant donné l'accolade, lui dit avec effusion : « Général, Vincennes vous attend. »

Le vieux soldat partit aussitôt et, traversant le faubourg Saint-Antoine à cheval, entouré de ses amis qui s'augmentaient à chaque pas, il rentra pour la troisième fois dans cette place, qu'il avait défendue avec tant dénergie.

A peine était-il installé dans son nouveau gouvernement qu'on lui confia la garde des ministres de Charles X, le prince de Polignac, le comte de de Peyronnet, MM. de Chantelauze et Guernon-Ranville, qui avaient signé les ordonnances du 26 juillet, causes de la révolution. Arrêtés au moment où ils cherchaient à sortir de France, ils venaient d'être conduits de Tours à Paris et enfermés à Vincennes dans l'intérêt de leurs personnes pour les soustraire à la fureur populaire.

« Les prisonniers, dit Louis Blanc dans son *Histoire de Dix ans*, avaient été renfermés d'abord dans le pavillon de la Reine, chacun dans une pièce séparée. On envoya l'ordre de les transférer au donjon.

« M. de Polignac fut appelé le premier à faire ce pénible trajet. Il y avait plusieurs cours à traverser ; et un grand nombre de gardes nationaux, mêlés aux soldats de la garnison, accouraient pour jouir du spectacle de la force abattue, spectacle qui charme les hommes. M. de Polignac parut. Il s'avançait, entre deux grenadiers, d'un pas lent et la tête nue. Ses vêtements étaient en désordre, la fatigue altérait ses traits ; mais le feu d'une croyance irritée par le malheur brillait encore dans son regard. En montant l'escalier du donjon, il se montra ému : il s'arrêta, la main appuyée sur le fusil d'un grenadier. Le gouverneur du château l'accompagnait. Après des vicissitudes sans nombre, la fortune ramenait M. de Polignac dans ce triste donjon, où il avait jadis expié les haines de sa jeunesse contre l'Empire. Châtié alors pour s'être mis en révolte contre le pouvoir, il l'était aujourd'hui pour en avoir abusé.

« M. de Peyronnet, que devaient suivre ses deux autres collègues, parut à son tour. Il avait le chapeau sur la tête ; sa démarche était hautaine, et la foule remarquait sans colère cette fierté que l'excès de la conviction ne justifiait pas en lui, lorsqu'un cri se fit entendre : « A genoux, criait un inconnu, qui couchait en joue l'ancien ministre, à genoux le ministre qui a fait tirer sur le peuple, et qu'il demande pardon. » On apaisa l'indignation de cet homme ; mais il y avait pour le pouvoir dans de semblables scènes un avertissement terrible. »

M. de Polignac demanda à être enfermé dans son ancien cachot, le n° 46 ; on déféra à son désir. M. de Peyronnet occupa au quatrième étage du donjon la chambre n° 35 et MM. Chantelauze et Guernon-Ranvile furent placés au même étage, le premier au n° 39, le second au n° 40.

On permit aux prisonniers de communiquer ensemble dans la grande salle qui précédait leurs chambres. Ils prenaient leurs repas en commun et pouvaient se promener dans les cours.

Trois commissaires avaient été désignés par la Chambre pour interroger les coupables ; c'étaient MM. Béranger, Madier de Montjau et Mauguin.

La première question qui divisa les trois commissaires fut celle du cérémonial. Devait-on se rendre de Paris à Vincennes en grande pompe ? C'était l'avis de M. Mauguin ; il demandait, par exemple, que chaque commissaire eût sa voiture et que tout un escadron fît cortège à ceux qui allaient représenter la justice du peuple. MM. Madier de Montjau et Bérenger étaient partisans d'une grande simplicité et, sans combattre ouvertement les vues de leur collègue, ils s'appliquèrent à les déjouer.

« Le jour où les commissaires devaient se rendre à Vincennes étant venu, dit Louis Blanc, M. Mauguin fut très surpris de n'apercevoir que cinq ou six gendarmes pour former l'escorte, et deux voitures au lieu de huit. Il en témoigna son mécontentement avec vivacité : il était trop tard. M. Madier de Montjau poussait si loin, dans cette occasion, le goût de la modestie, qu'il avait écrit secrètement au général Daumesnil, gouverneur de Vincennes, pour le prier de faire aux commissaires un accueil extrêmement simple. Cependant quand ils entrèrent dans le château, ils trouvèrent toute la garnison rangée en bataille ; le tambour battit aux champs. Et lorsque M. Madier de de Montjau, prenant à part le gouverneur, lui demanda pourquoi il ne s'était pas conformé aux instructions reçues : « Je m'en serais bien gardé, répondit le général Daumesnil. La souveraineté aujourd'hui n'est-elle pas dans la Chambre ? »

Pendant que la commission procédait à l'interrogatoire des anciens ministres, la Chambre décidait que ceux-ci seraient jugés par la chambre des pairs et l'on proposait à la tribune l'abolition de la peine de mort.

Ces deux solutions, qui favorisaient les prisonniers de Vincennes, n'eurent pas le don de plaire au peuple ; des placard séditieux furent affichés dans divers quartiers ; des menaces couvrirent les palissades du Luxembourg. Le 18 octobre, des bandes partirent du Panthéon ; d'autres traversèrent la rue Saint-Honoré, en chantant la *Parisienne* ; une troisième colonne se dirigea sur le Palais-Royal, agitant un drapeau sur lequel on lisait ce vœu : « *Mort aux ministres !* Les grilles du jardin furent aussitôt fermées ; la garde nationale accourut. Alors redoublant les cris de vengeance, la foule prit le chemin de Vincennes, arriva sous les murs du château et réclama la tête des prisonniers. Le cri de *mort au ministre !* remplissait les airs. Daumesnil fit alors baisser le pont-levis, se présenta seul devant ces gens furieux et leur dit d'une voix ferme : « Vous me demandez les têtes des accusés, vous ne les aurez qu'avec ma vie... Les ministres doivent être jugés par la loi, non par vous et s'il en est un seul qui franchisse ce pont-levis, il ne sortira plus. » Ce courageux langage fit cesser le tumulte et la foule enthousiasmée, se rappelant que, par deux fois, il fit semblable réponse aux troupes étrangères, s'écrie : « Vive

Daumesnil ! Vive la jambe de bois ! » Pour éviter un retour offensif et pour empêcher ces hommes de surprendre un autre poste, le général imagina de leur donner deux tambours (qu'ils auraient dû avoir, dit-il) avec lesquels ils se replièrent sur Paris, revinrent vers le Palais-Royal et se dispersèrent devant la garde nationale qui veillait.

« Le 10 décembre, à huit heures du matin, dit Louis Blanc, les ex-ministres étaient transférés du château de Vincennes à la prison du Petit-Luxembourg. Des précautions extraordinaires avaient été prises. Le bois de Vincennes était rempli de soldats. Sur l'ordre qui leur fut communiqué, MM. de Polignac, de Peyronnet et de Guernon-Ranville, montèrent sur-le-champ dans la voiture qui les attendait. Mais M. de Chantelauze était au lit, en proie à de vives souffrances : quand on essaya de le soulever, il poussa des cris aigus : sa translation ne put avoir lieu que dans la soirée. L'escorte des prisonniers se composait de deux piquets de la garde nationale à cheval amenés pendant la nuit par le général Carbonel, d'un escadron de chasseurs commandé par le général Fabvier, et d'un détachement de canonniers fourni par la garnison de Vincennes. Le ministre de l'intérieur était à cheval. Après avoir suivi la rue du faubourg Saint-Antoine jusqu'à la Bastille, et avoir traversé le pont d'Austerlitz, les boulevards Neufs, la rue d'Enfer, le cortège entra au Luxembourg par la grille de l'Observatoire. »

Les débats du procès s'ouvrirent le 15 décembre et se prolongèrent jusqu'au 21. Les accusés, qui avaient été ramenés à Vincennes avant l'arrêt de la cour, furent condamnés à la prison perpétuelle et conduits peu de temps après au château de Ham.

Le départ des prisonniers déchargea le gouverneur de Vincennes d'une grave responsabilité et ramena le calme au château qui reçut à différentes reprises la visite d'hôtes illustres. La baronne Daumesnil nous dit dans ses mémoires : « Le roi Louis-Philippe et la reine Marie-Amélie, ainsi que les jeunes princes, aimaient à venir nous visiter, et j'eus souvent l'honneur de leur offrir à goûter. Leurs Majestés et leurs Altesses, par suite de leur parfaite éducation ainsi que de leur aménité personnelle, avaient la bonté de trouver tout délicieux chez moi. Louise ma seconde fille, toute petite alors, elle avait quatre ans, compta parmi ses jolis souvenirs d'enfant, une belle poupée et des petits livres offerts par M. le duc de Montpensier un peu plus âgé qu'elle !

« Un jour, nous étions assis au polygone avec la baronne Greiner (femme du colonel de la place), par un de ces temps bénis où la nature était radieuse comme nos âmes, on nous annonce la visite du dey d'Alger et de l'ambassadeur de Tunis.

« Le dey, Hussein Pacha, était vieux et laid. Sa barbe blanche était longue, il portait des lunettes vertes. L'ambassadeur, au contraire, était dans la force de l'âge et avait un superbe visage.

«Durant les manœuvres du polygone, j'avais dépêché quelqu'un au château pour y faire apprêter divers rafraîchissements et lorsque tout fut terminé, je priai ces messieurs et ces dames de bien vouloir me suivre chez moi.

« Une jolie collation nous y attendait et ce fut pour nous, Françaises, un grand plaisir de se trouver à table avec nos Africains. Ceux-ci, d'ailleurs, avaient l'extrême courtoisie de ne jamais rien accepter que nous n'ayons été servies. »

. . . .

Daumesnil goûte enfin, pendant le peu de temps qui lui reste à vivre, une certaine félicité à l'abri des atteintes de l'envie ou de l'ingratitude. Dans ce ciel radieux, un seul nuage vite dissipé : le 14 mars 1832, un député mal inspiré propose la suppression du gouvernement de Vincennes par mesure d'économie. Mais la Chambre tout entière proteste contre une telle proposition ; le général Jacqueminot déclare que l'on ne peut marchander ainsi la gloire, et que le beau nom de Daumesnil est devenu inséparable du commandement de Vincennes.

« C'est un tableau d'histoire qu'il faut laisser dans son cadre », s'écrie M. de Marmier. On vote ; la mesure de réduction est rejetée à l'unanimité moins une voix. Il y avait 300 députés environ.

Ce nouvel hommage public devait être le dernier rendu, de son vivant, au général Daumesnil.

La même année un fléau affreux fond sur la France. L'invasion du choléra vient frapper dans Vincennes même celui que n'avaient pu faire fléchir deux invasions des armées étrangères « Daumesnil, qui plaisantait en parlant du monstre asiatique et qui disait : je le traiterai en ennemi et l'entrée de la citadelle lui sera défendue », eut à subir un un cruel démenti, hélas ! Malgré les soins les plus prompts et les plus éclairés, il meurt, après trois jours, le 17 août 1832, à peine âgé de cinquante-six ans.

Ses obsèques furent célébrées à Vincennes, au milieu d'une immense assistance dans laquelle apparaissaient quelques-uns des plus vaillants capitaines de l'époque, entre autres les généraux comtes Pajol, Exelmans, Laferrière, amputé aussi d'une jambe, et le vénérable général comte de Schramm, le dernier survivant de ces noms glorieux qui s'alliaient si bien à celui de Daumesnil. On y pouvait remarquer également, après des officiers de toutes armes, les ambassadeurs, les magistrats, les députations de la garde nationale de Paris et de la banlieue, des écoles Polytechnique, de Saint-Cyr et du commerce, des Invalides et de la garnison de Vincennes.

Plusieurs discours furent prononcés sur la tombe, et M. Dupin, de sa voix éloquente, termina cette cérémonie par une chaleureuse improvisation dans laquelle il disait : « *Sommeille en paix dans cette terre que tu as sauvée ! Ton âme est au ciel, ton nom est à l'histoire, tes enfants sont à la France !* » Il s'engagea à demander aux Chambres une pension nationale en faveur de la veuve et des enfants de l'héroïque défenseur de Vincennes, et proposa d'élever, dans l'enceinte du château un monument à sa mémoire, avec cette inscription :

« *Il n'a voulu ni se rendre ni se vendre.* »

A ces mots, malgré la réserve imposée en pareil lieu, des applaudissements éclatèrent dans les rangs des vieux soldats du général et se mêlèrent aux salves d'artillerie et au roulement des tambours.

. . . .

« La génération forte et virile à laquelle appartenait Daumesnil est presque éteinte et disparaît de jour en jour.

« Puisse-t-elle léguer aux nouvelles générations de notre malheureux pays les grands sentiments du devoir et du patriotisme, avec les vertus civiques de nos pères !

« Honneur donc, une dernière fois, honneur à celui qui en aura été l'un des plus beaux modèles, comme un héros antique, et salut encore à sa grande figure !

« Daumesnil a bien mérité de la patrie, il a bien mérité de la postérité [1] »

Après la mort de Daumesnil, le gouvernement de Vincennes fut supprimé et la place fut confiée à la direction d'un lieutenant-colonel. De nombreux travaux furent exécutés dans le château et dans le bois : en 1839, on construisit, dans le champ de manœuvre qui s'étend au sud un corps-de-garde et une salle d'artifices pour remplacer celle qui était située au pied du donjon et qui avait sauté deux ans auparavant. En 1844, on bâtit une nouvelle salle d'artifices dans le bois, entre le château et Saint-Mandé ; elle a sauté, en 1871, par suite de l'entassement immodéré que l'on fit du matériel de guerre pris sur la Commune. Le polygone, qui avait été créé en 1816, fut agrandi et reporté un peu plus au sud-est ; 166 hectares d'une

[1] Baron Larrey. *Discours d'inauguration de la statue du général Daumesnil à Vincennes : 26 mai 1873.*

part et 125 hectares d'autre part furent détachés successivement du bois pour diverses affectations militaires et forment aujourd'hui la plaine dénudée réservée aux exercices des troupes.

De 1841 à 1844, on abattit la partie du bois située à l'est du château pour construire le nouveau fort et, en 1846, on éleva les redoutes de la Faisanderie et de Gravelle qui défendent la presqu'île de la Marne (la redoute de la Faisanderie tire son nom d'une faisanderie qui existait à cet endroit et qui fut supprimée en 1844; on y a établi depuis une école normale militaire de gymnastique et d'escrime).

Le génie militaire avait aussi projeté de démolir en partie la Sainte-Chapelle du château, sous prétexte que ce monument pouvait, en temps de guerre, servir de point de mire à l'ennemi. Les quatre murs, restés seuls debout et rasés à une certaine hauteur, auraient servi à l'édification d'un magasin à poudre. Il ne fallut rien moins que les plus vives instances du duc d'Orléans pour qu'on renonçât à ce funeste projet.

Dans le village, dont la population s'accroissait rapidement, une mairie avait été élevée en 1844 par les soins de M. Clerget, ancien prix de Rome et architecte du palais de Saint-Cloud.

CHAPITRE XIX

Vincennes depuis 1848. Barbès et Raspail. Les représentants du peuple à Vincennes (1851). Ecroulement de la porte principale (1857). Vincennes en 1870. Le général Trochu. La troisième République.

Peu après la chute de Louis-Philippe, le vieux donjon va, une fois de plus, servir de prison politique. L'Assemblée Nationale Constituante, à peine nommée, s'était vue menacée d'être dissoute. Les élections n'ayant pas répondu à l'attente du parti avancé, la foule, excitée par les clubs et les journaux, avait résolu de faire une nouvelle révolution.

Le 15 mai 1848, sous le prétexte d'une pétition à présenter à l'Assemblée en faveur des Polonais du duché de Posen révoltés contre la Prusse, une foule immense, mélangée d'ouvriers et de gardes nationaux, se porte au Palais-Bourbon en chantant et au cri de : Vive la Pologne ! La salle est envahie ; Blanqui et Barbès montent successivement à la tribune ; on déclare l'Assemblée dissoute et un gouvernement provisoire est proclamé. Mais bientôt le tambour bat, la garde nationale et la garde mobile chassent les envahisseurs ; les principaux meneurs sont arrêtés et particulièrement Barbès et Raspail qui furent envoyés au donjon de Vincennes. Ils y restèrent jusqu'au mois de mars 1849 et n'en sortirent que pour comparaître devant la Haute-Cour de Bourges qui les condamna à quelques années de détention.

En 1851, à la suite du coup d'Etat, le château reçut un certain nombre de représentants du peuple ; on leur donna pour logement les appartuments de M. de Montpensier, rouverts exprès pour eux et, en outre, un dîner excellent et en commun, des bougies, du feu et les sourires et les génuflexions du commandant d'armes qui était alors le général Courtigis. Hâtons-nous de dire que ces représentants étaient ceux de la droite que l'on voulait ménager, car le coup d'Etat eut pour ceux de la gauche des procédés tout différents : il les fit bel et bien incarcérer à Mazas dans les cellules destinées aux malfaiteurs.

Si ce n'est à la suite des événements de la Commune, où quelques prisonniers furent enfermés au donjon, le château ne va plus servir de prison ; sous Napoléon III c'est une vaste caserne abritant un bataillon de chasseurs à pied — les chasseurs de Vincennes — une compagnie d'ouvriers d'artillerie et — dans le fort neuf — deux régiments d'artillerie.

En 1854, le génie avait fait enlever de dessus la tour du Village ou porte principale la toiture pointue dont le poids énorme fatiguait les vieux murs ; il l'avait remplacée par une terrasse en béton d'un poids bien inférieur mais qui ne chargeait plus assez la voûte supérieure en briques. Le 30 novembre 1857, à deux heures et demie du matin, cette voûte se souleva à la clef et s'écroula ; en s'affaissant sur celle de l'étage inférieur, elle l'entraîna dans sa chute ; celle du deuxième étage, traversée par d'énormes poutres de chêne qui firent *bélier*, eut le même sort et le tout tomba sur le plancher du premier étage qui s'effondra complètement.

Le corps de garde était au rez-de-chaussée, les salles de police et les cachots au premier étage. Les salles supérieures ne renfermaient que des caisses vides appartenant à l'artillerie.

Le sergent du poste fut sauvé par les canonniers de la 5e compagnie d'ouvriers d'artillerie sous la direction de leurs officiers et du chef du génie. Ils avaient d'abord essayé de sauver le sergent par une fenêtre grillée donnant sur le fossé, à 18 mètres au-dessus du sol ; mais la grille sautée, ils ne purent que donner un peu d'air au pauvre diable.

Ces braves gens creusèrent un passage en galerie de mine, perçant les murs, coupant les bois, les pierres de décombres, étançonnant avec précaution les parois du boyau, sous les quatre étages écroulés, bravant, pendant cinq mortelles heures, une mort imminente, n'écoutant que leur courage. Ils sauvèrent ainsi la victime qu'ils cherchaient.

Le maréchal Magnan et le général Saumain, commandant la place de Paris, se transportèrent immédiatement sur les lieux; le ministre de la guerre et le général Beuret, commandant l'artillerie, ne quittèrent ce triste théâtre que lorsque la dix-huitième victime fut retirée de dessous les décombres, vers neuf heures du soir. L'empereur, accompagné du général Niel, arriva à cinq heures, visita le corps de garde où les chasseurs à pied et les soldats d'infanterie travaillaient à retirer les cadavres des victimes.

Napoléon III voulut monter dans la tour pour juger lui-même de l'état des murs du vieux manoir.

Dix-huit cadavres furent retirés de ces ruines; leur mort dut être instantanée, s'il en faut juger par la mutilation des corps et les taches de sang dont étaient maculés les murs et les pierres. Le caporal, qui montait sa première garde, ayant entendu le bruit de l'écroulement, voulut s'enfuir, mais il ne put atteindre la porte; ses jambes furent broyées, sa poitrine défoncée ; on le retira le premier et il expira au bout de quelques minutes. Au moment où on le retirait, le malheureux souriait en disant : « Je n'ai rien du tout ; je l'ai échappé belle tout de même. » Les quinze premiers appartenaient au 4ᵉ bataillon de chasseurs à pied.

Un soldat d'infanterie, qui se trouvait dans un petit cachot dont la voûte avait supporté victorieusement le choc, eut l'énergie de percer lui-même un trou par lequel il put se sauver.

Les obsèques de ces pauvres soldats furent célébrées dans l'antique chapelle du château où leurs cercueils furent rangés en bataille. Le maréchal Magnan, le général Saumain, le général Beuret et leurs états-majors assistaient à cette lugubre cérémonie et accompagnèrent le convoi jusqu'au cimetière de Vincennes.

On remarqua, à la porte de la chapelle, le sergent si miraculeusement sauvé par ses camarades de l'artillerie ; il vit défiler, avec l'émotion que l'on doit comprendre, les dix-huit cercueils, celui du caporal en tête, portés à bras par les chasseurs du 4ᵉ bataillon [1].

L'empereur accorda une somme de six cents francs aux travailleurs, dont cent pour les ouvriers d'artillerie qui avaient commencé le sauvetage.

[1] *Illustration*, 1857.

Ces braves gens se rendirent immédiatement chez le général Beuret et lui remirent cette somme en le priant de vouloir bien l'envoyer au 4ᵉ bataillon de chasseurs qui fit élever, près de la tombe de Daumesnil, un petit monument aux malheureuses victimes de la catastrophe.

En 1859, on fit camper dans le bois et dans le polygone, en attendant leur entrée triomphale à Paris, les troupes qui avaient fait la campagne d'Italie. Plus tard, on construisit sur la lisière du bois des Minimes un camp composé de baraques de bois qui prit le nom de *camp de Saint-Maur*, bien qu'il n'eût pas été établi sur le territoire de cette commune. Ce camp existe encore actuellement et a conservé jusqu'à ce jour cette dénomination erronée.

Vers cette époque, le bois subit d'heureuses transformations ; de nombreux embellissements ont fait de cet endroit une promenade qui rivalise avec celle du bois de Boulogne ; des lacs ont été creusés au milieu de terrains où ne se voyait pas auparavant la moindre flaque d'eau ; on a dirigé le cours d'un grand nombre de ruisseaux sinueux qui donnent au bois un aspect de fraîcheur qui ne manque pas de charme ; les allées droites du bois ont été modifiées en méandres et de nouvelles avenues ont été percées ; enfin, malgré toutes ces transformations, on a su lui laisser suffisamment la physionomie d'un bois pour qu'il puisse encore en conserver le nom. C'est ce dernier caractère qui différencie le bois de Vincennes de celui de Boulogne, lequel est devenu un véritable parc, avec des allées tirées au cordeau et de nombreux massifs de plantes exotiques, tandis que celui de Vincennes a gardé, jusqu'à un certain point, l'aspect pittoresque d'une forêt.

En même temps que l'on commençait tous ces travaux d'embellissements, on construisait, d'autre part, le chemin de fer de Paris à Vincennes qui, commencé en 1856, fut inauguré l'année suivante. Il a été prolongé ensuite jusqu'à La Varenne, puis jusqu'à Brie-Comte-Robert, et, enfin, jusqu'à Verneuil-l'Etang où il rejoint la ligne de Belfort.

En 1858, cinquante hectares du bois furent aliénés pour l'établissement de cette ligne et les premiers travaux d'embellissements furent exécutés près de Vincennes et dans le canton des Minimes par les soins de la liste civile impériale.

Le succès des premiers travaux et le désir de les compléter ont déterminé la cession du bois de Vincennes à la ville de Paris, consentie par la loi du 24 juillet 1860.

La ville de Paris s'est engagée à conserver et à entretenir à perpétuité le bois de Vincennes en promenade publique, et à étendre ses limites jusqu'aux fortifications entre les portes de Picpus et de Charenton, de manière à en faire véritablemen une promenade parisienne, attenant aux nouvelles limites de la cité agrandie par la loi du 16 juin 1859.

Les premiers travaux entrepris ont eu pour objet le creusement du lac des Minimes, du ruisseau qui l'alimente et l'établissement des nouvelles routes qui l'entourent; 200.000 mètres cubes de terre furent enlevés et transportés par un chemin de fer provisoire entre Nogent et Joinville pour servir de remblais au chemin de fer de Paris à La Varenne que l'on construisait alors. Trois îles boisées furent ménagées au milieu du lac d'une superficie de huit hectares.

D'un autre côté, on annexa au bois la plaine située au nord de Charenton; on la convertit en un vaste jardin anglais au milieu duquel un lac de vingt hectares fut creusé. Près de Saint-Mandé, on transforma en lac une dépression de terrain où croupissaient les eaux provenant du rû de Montreuil. Ce lac, d'une superficie d'un hectare et demi environ, non compris la surface de l'île conservée au centre, changea la physionomie de cette partie du bois qui, autrefois déserte, devint en peu de temps une des plus fréquentées et des plus agréables.

Le troisième travail important exécuté par la liste civile a été le creusement d'un lac d'une superficie d'un hectare et quart sur le sommet du plateau de Gravelle.

Les principaux ruisseaux partent du lac de Gravelle qui forme le réservoir supérieur des eaux du bois et se dirigent vers les lacs Daumesnil, de Saint-Mandé et des Minimes.

Deux autres petites rivières, celle de Joinville et de Nogent, dirigées vers le lac des Minimes, prennent leur source dans des petits lacs secondaires situés à l'ancien carrefour de Beauté et à la porte de Nogent et sont alimentés par les conduites de distribution des eaux d'arrosage du bois.

Enfin, un dernier ruisseau, souterrain dans son parcours à travers le polygone, conduit au lac de Saint-Mandé les eaux qui traversent le lac des Minimes.

En 1855, lorsque nos troupes rentrèrent de Crimée, le nombre de soldats malades était si grand que les deux hôpitaux du Val-de-Grâce et du Gros-Caillon ne les pouvaient contenir, l'hôpital militaire du Roule venant d'être exproprié. L'empereur Napoléon III ordonna au ministre de la guerre, qui était alors le maréchal Vaillant, de trouver dans le bois de Vincennes, entre le château et le mur des fortifications de Paris, un terrain suffisamment vaste pour y élever un hôpital. La partie du bois choisie par le maréchal se trouve sur le territoire de Saint-Mandé près de la limite de Vincennes, elle occupe un vaste rectangle de 60.000 mètres carrés dont 4.500 environ furent couverts par des constructions élevées d'après les plans dressés par le commandant du génie Calot. Le 31 mai 1858 on inaugurait le nouvel hôpital qui passa, à cette époque, pour le modèle des constructions de ce genre.

« Il existe dans le jardin de l'hôpital, nous dit M. Ulysse Robert dans ses *Notes historiques sur Saint-Mandé*, une petite chapelle édifiée par les soins de l'impératrice Eugénie, en souvenir de la naissance du prince impérial et à la suite d'un vœu qu'elle avait fait. La statue de la Vierge, qui est dans cette chapelle, était alors honorée à Saint-Mandé, à Vincennes et dans les environs, sous le vocable de Notre-Dame de Lorette : elle devint, depuis, de la part de l'impératrice, l'objet d'un culte tout spécial et elle y fut placée sur son ordre exprès. Cela attira même au maréchal Vaillant une aventure assez piquante. Le maréchal, ignorant la prédilection de la souveraine pour cette Vierge, ne pouvait se faire à l'idée que cette méchante statue, longtemps perdue dans les plâtras d'un mur tout lézardé, cette vieillerie pût déparer la coquette chapelle. Aussi fit-il acheter une belle statue en marbre blanc, qui, paraît-il avait été primée au Salon et la fit mettre en place. Or, il arriva que l'impératrice voulut savoir comment ses ordres avaient été exécutés. La sœur supérieure de l'hôpital, Mme Gain, dut bien l'informer que la Vierge de prédilection était restée reléguée au milieu des ruines et qu'elle avait été remplacée par une toute neuve. Là-dessus, colère de la souveraine et grand émoi à la cour. Le lendemain, le pauvre maréchal arrivait furieux à l'hôpital pour faire la substitution des statues. Il adressa à la sœur Gain de violents reproches et l'accusa notamment de lui avoir « jeté l'impératrice dans les jambes (sic) ».

Non loin de l'hôpital militaire et sur le territoire de Vincennes, tout un nouveau quartier va se bâtir grâce à une société d'épargne, intitulée *Société de la Prévoyance*, fondée en 1847 par des ouvriers et de petits commerçants. Ceux-ci, dans le but de devenir propriétaires chacun d'une petite somme de quatre mille francs, s'imposèrent une cotisation de 1 fr. 50 par semaine, cotisation qui fut plus tard portée à 5 francs. Avec le fruit de ces épargnes, ils achetèrent, en 1855, des terrains au lieu dit *la Sablière* et ils y firent bâtir ; mais comme depuis la fondation de la société, plusieurs de ses membres avaient prospéré, ceux-ci ajoutèrent au capital qu'ils avaient amassé et quelques-uns dépensèrent de 50.000 à 60.000 francs dans la réalisation de leur rêve économique. Cette société fut entièrement liquidée en 1865. Le quartier de la *Prévoyance* ainsi formé a conservé son nom.

De son côté, la ville de Paris, qui venait d'acquérir le bois, mit en vente toute la partie longeant la voie du chemin de fer, ce qui favorisa la création d'une multitude de petites villas entourées de jardins et donna au bois un air de gaieté et de vie qu'il n'avait pas eu jusqu'alors. Il est vrai, en revanche, que cette opération aliéna une portion notable du bois et diminua ainsi la partie destinée au public. Cette partie fut encore diminuée, la même année, par l'établissement d'un *tir national* qui occupa un vaste terrain situé entre l'esplanade du château et la route des Sabotiers. L'ouverture de ce stand fut précédée d'un concours organisé par une société avec l'aide du gouvernement. Un grand nombre d'amateurs de divers pays prirent part aux épreuves qui eurent lieu du 7 au 18 octobre 1860. L'espace que l'on avait consacré à ce concours était entouré de grilles en bois à hauteur d'appui ; de distance en distance se dressaient des mâts portant des chiffres, des devises, des banderolles, des drapeaux et des trophées. En dedans de la grille d'entrée, avaient été dessinées des allées sinueuses et parfaitement sablées ; puis, avec huit ou neuf cents caisses de magnoliers, rhododendrons et d'orangers, on avait improvisé un jardin au fond duquel l'entrée du tir s'ouvrait à deux battants. Les cibles étaient au nombre de cinquante-sept, adossées à une butte ; il y avait, en outre, quatre cibles pour le tir à l'arc et un mât pour le tir à l'arbalête.

Lors de l'année terrible, l'animation fut grande au château-fort et dans ses environs, notamment au moment de la sortie de Champigny, le gouverneur de Paris avait installé le grand quartier géné- au chateau; les journées des 27 et 28 novembre furent employées à masser aux environs de Vincennes les régiments de la deuxième armée.

Le 28, au soir, le 1er corps (général Blanchard), composé des divisions Faron et Malroy, et le 2e corps (général Renault), composé des divisions de Susbielle, Berthaut et de Maussion, ainsi que leurs réserves d'artillerie, étaient campés dans le bois de Vincennes, près du champ de courses, du château et du lac des Minimes.

Le 3e corps (général d'Exéa) avait la division de Bellemare sur le plateau de Tilmont, près de Montreuil-sous-Bois, la division Mattat dans la partie est du bois de Vincennes, le groupe de mobiles du colonel Reille en arrière de Joinville et sa réserve d'artillerie dans le champ de manœuvres au sud de l'obélisque.

L'équipage de marche était réuni sur l'avenue de Vincennes, à l'entrée du bois.

Tous les soirs, pendant tout le temps que dura la terrible lutte, le gouverneur de Paris et le général Ducrot rentrèrent au château. Le 2 décembre, le général Trochu, après avoir exploré le champ de bataille en compagnie du général Ducrot, laissa ce dernier continuer sa promenade, traversa la Marne et rentra tranquillement à Vincennes où il commença, devant son entourage, une interminable conférence sur l'art de la guerre [1].

Le 3 décembre, l'armée du général Ducrot repassait la Marne dans la journée et venait bivouaquer dans le bois de Vincennes, où l'on s'occupa d'améliorer la situation de nos malheureux soldats éprouvés par un froid excessif. Le soir, à neuf heures, le général rentrait au château où il trouvait le gouverneur, fort intrigué de cette retraite à laquelle il ne s'attendait pas. Après les premières explications le général Ducrot se mit à exposer les grandes lignes d'un nouveau projet de sortie.

Le lendemain, il adressa du château l'ordre du jour suivant aux troupes de la deuxième armée :

« Soldats,

« Après deux journées de glorieux combats, je vous ai fait repasser la Marne, parce que j'étais convaincu que de nouveaux efforts dans une direction où l'ennemi avait eu le temps de concentrer toutes ses forces et de préparer tous ses moyens d'action, seraient stériles.

[1] A. Duquet, *Guerre de 1870-1871,* Paris.

« En nous obstinant dans cette voie, je sacrifiais inutilement des milliers de braves et, loin de servir l'œuvre de la délivrance, je la compromettais sérieusement ; je pouvais même vous conduire à un désastre irréparable.

« Mais, vous l'avez compris, la lutte n'est suspendue que pour un instant ; nous allons la reprendre avec résolution. Soyez donc prêts, complétez en toute hâte vos munitions, vos vivres, et, surtout, élevez vos cœurs à la hauteur des sacrifices qu'exige la sainte cause pour laquelle nous ne devons pas hésiter à donner notre vie.

« Au grand quartier général, à Vincennes, le 4 décembre 1870 [1]. »

Le même jour, les généraux de la deuxième armée se réunissaient au château, à l'exception de ceux du 1er corps, « l'officier d'état-major, envoyé pendant la nuit, pour porter les ordres du général en chef, n'ayant pu trouver le général commandant le 1er corps, qui était rentré dans Paris [2]. »

Le général Ducrot se contint tout d'abord, il exposa son plan, dit qu'on ne pouvait abandonner l'armée de la Loire, qu'il fallait recommencer le combat dans le plus court délai. Un silence gla-

---

[1] Général Ducrot. *La défense de Paris, 1870-71.* Paris, Dentu, 1876.
[2] Général Ducrot, t. III, p. 109.

cial, puis des objections de toutes sortes, suivirent son allocution. Alors, irrité déjà par l'absence du général Blanchard, il éclata et déclara qu'il n'admettrait ni observations ni hésitations.

« Quelle scène ! écrit le docteur Sarazin.

« Quand ils furent tous sortis, Ducrot s'affaissa sur son fauteuil, et les coudes sur la table, la tête dans les mains, il ne m'entendit pas m'approcher de lui. Je crus devoir lui parler.

— Comme c'est triste mon général !

— Ah ! vous étiez là, docteur ?

— Oui, mon général, j'ai tout entendu.

— Vous n'en parlerez jamais à personne, entendez-vous ? Vous ne devriez pas être ici.

— Je regrette d'être resté, mon général, c'est ce que j'ai vu de plus triste pour notre pauvre pays depuis le commencement de la guerre [1] ».

La séance levée, le général Ducrot envoya, de nouveau, à M. Blanchard, l'ordre de se rendre au château de Vincennes. Cette fois, l'aide de camp trouva le commandant du 1er corps, qui était revenu de sa promenade en ville : à quatre heures, le général Blanchard et ses états-majors se présentèrent au général en chef.

---

[1] Sarazin, médecin en chef de l'ambulance du grand quartier général de la 2e armée. *Récits sur la dernière guerre franco-allemande.*

Ne laissant voir la colère qui l'étouffait que par le tremblement de sa voix et la flamme de son regard, le général Ducrot répéta les instructions adressées, le matin, aux chefs des 2ᵉ et 3ᵉ corps. Le général Blanchard ne cacha pas sa mauvaise volonté, soutint que ses troupes étaient épuisées, qu'il ne pouvait les remettre en état de combattre. Il ne prit pas la peine de dissimuler sa méchante humeur ; il suffisait que le général en chef dise oui pour qu'il dise non, dise non pour qu'il dise oui.

Alors, le général Ducrot donna un libre cours à sa colère : il reprocha au commandant du 1ᵉʳ corps sa conduite le 30 novembre et le 2 décembre, il l'accusa d'avoir quitté son poste devant l'ennemi, reproche et accusation bien justifiés, car l'attitude du général Blanchard, pendant les batailles de la Marne, avait été bien répréhensible, car il s'y était montré découragé par avance, négligeant, incapable, car on n'abandonne pas ses troupes, dans une situation si critique, pour aller chercher du linge à Paris [1].

A ces sanglantes apostrophes, M. Blanchard repond d'un ton de plus en plus cassant. Le général en chef, hors de lui, « prononce des paroles incohérentes avec une grande volubilité. Il dit qu'il se soucie peu des défaillances, qu'il brisera

---

[1] Alfred Duquet.

toutes les mauvaises volontés et que, pour obtenir l'obéissance, il aura, au besoin, recours aux conseils de guerre. Indignés, les officiers du 1ᵉʳ corps se serrent autour de leur chef Celui-ci, mettant la main sur la poignée de son épée et regardant Ducrot entre les deux yeux, lui lance les mots suivants : « Demain matin, je verrai, général Ducrot, si, l'épée à la main, vous aurez le verbe si haut ». Et il sort, suivi de son état-major.

« Dans la cour du fort, on rencontre Trochu venant conférer avec le chef de la 2ᵉ armée. On lui rend compte aussitôt de l'incident. Il en comprend la gravité et ramène Blanchard chez le commandant en chef.

« Trochu prêche l'union qui fait la force et, voyant parmi les officiers présents, un qui avait supporté le blocus de Milianah, il parle longuement de la situation désespérée de cette bicoque. « On en est sorti, cependant, s'écrie-t-il, nous en « sortirons. ».

« Cela n'avait aucun rapport avec l'affaire, mais Trochu crut, un instant, l'avoir replâtrée. Il n'en était rien. Pour éviter une rencontre entre Ducrot et Blanchard, il dut remanier l'ordre de bataille et faire passer le dernier sous les ordres de Vinoy [1] ».

[1] Colonel Comte. *Récit fait au rédacteur militaire du* FIGARO.

Comme si nos malheurs n'avaient pas été assez grands, la guerre étrangère fit place à la guerre civile.

Pendant la Commune, Vincennes fut occupé sans combat par les insurgés jusqu'au 29 mai. Sa garnison se composait de 350 hommes et de 24 officiers commandés par le chef de légion Faltot, vétéran des guerres de Pologne et de Garibaldi, un des plus actifs du 18 mars.

Lors de la répression, le fort, désarmé, ne put prendre aucune part à la lutte. On offrait à Faltot un asile sûr. Il répondit que l'honneur lui défendait d'abandonner ses compagnons d'armes.

Le samedi 27 mai, un colonel d'état-major versaillais vint négocier une capitulation. Faltot demandait des passe-ports en blanc, non pour lui, mais pour quelques-uns de ses officiers de nationalité étrangère. Sur le refus des Versaillais, Faltot commit la faute d'adresser la même demande aux Allemands. Mac-Mahon, dans la prévision d'un siège, avait encore sollicité l'assistance du prince de Saxe, et l'Allemand veillait pour son confrère [1]. Pendant ces pourpalers, le général Vinoy s'était ménagé des intelligences dans la place où quelques hommes tarés s'offraient à réduire les fédérés intraitables. De ces derniers était Merlet, garde

---

[1] Lissagaray. *Histoire de la Commune de 1871*.

général du génie et de l'artillerie, ancien sous-officier, bien résolu à faire sauter la place plutôt que de la rendre. La poudrière contenait 10.000 kilogrammes de poudre et 400.000 cartouches.

Le dimanche, à huit heures du matin, un coup de feu retentit dans la chambre de Merlet. On accourut; il gisait à terre, la tête traversée par une balle de revolver. Le désordre de la chambre, la direction de la balle attestaient une lutte. Un capitaine adjudant-major du 99e, Bayard, très exalté pendant la Commune et que les Versaillais mirent en liberté, avoua seulement qu'il avait dispersé les éléments de la pile préparée par Merlet pour faire sauter le fort.

Le lundi, le colonel versaillais renouvela sa proposition. La lutte était terminée dans Paris. Les officiers délibérèrent et il fut convenu qu'on ouvrirait les portes. A trois heures, les Versaillais entrèrent. La garnison sans armes, était massée au fond de la cour. Neuf officiers furent enfermés à part.

La nuit, dans les fossés, à cent mètres de l'endroit où tomba le duc d'Enghien, ces neuf officiers s'alignèrent devant le peloton d'exécution. L'un d'eux, le colonel Delorme, se tourna vers le Versaillais qui commandait et lui dit : « Tâtez mon pouls, voyez si j'ai peur [1] ».

---

[1] Lissagaray. *Histoire de la Commune de 1871.*

A la suite de ces tristes événements, le donjon va, une fois de plus, reprendre son ancienne destination et recevoir des prisonniers de la Commune mais ce ne sera que pour peu de temps ; les cachots sont bientôt transformés en magasins d'armes et de harnachements et le château redevient exclusivement une vaste place de guerre qui, pendant plusieurs années, sera commandée par le colonel Teyssier, le brave défenseur de Bitche.

Dans le polygone, qui sert ordinairement aux manœuvres de la garnison, se déroulent, de temps à autre, les grandes solennités militaires offertes aux souverains étrangers venant visiter notre pays : le shah de Perse (1900) ; Edouard VII, roi d'Angleterre ; Victor-Emmanuel II, roi d'Italie (1903) ; Alphonse XIII, roi d'Espagne (1905) y viennent successivement asssister à d'imposants défilés de nos braves soldats.

Regrettons seulement, pour ceux que passionnent les vestiges du passé, pour ceux qui ont le culte de ces monuments, antiques témoins d'importants événements de notre histoire nationale, qu'on n'ait pas su tirer meilleur parti de ce château de Vincennes, si riche en souvenirs historiques, si intéressant à tant de points de vue. Les armes et les harnachements qu'il renferme pourraient facilement trouver place dans un bâtiment moderne quelconque où leur conservation serait, sans aucun doute, tout aussi bien assurée que dans les antiques salles du donjon et quel local idéal on obtiendrait pour loger, par exemple, un musée d'armures, ou un musée d'artillerie semblable à celui de l'hôtel des Invalides! Cette nouvelle destination faciliterait sa visite à l'artiste, au savant et au curieux qui y trouveraient de réelles satisfactions et attirerait l'attention de tous sur cet édifice qui, malgré tant d'atteintes portées à sa beauté, demeure encore un document de puissant intérêt.

Pourrait-on rêver, pour exposer les anciennes armures de nos preux chevaliers, cadre plus approprié que celui que constitueraient les vastes salles du vieux donjon avec des trophées accrochés aux murailles et des bannières blasonnées suspendues aux ogives des hautes voûtes? Les anciennes bombardes, les couleuvrines patinées par le temps ne seraient-elles pas à leur place au pied de la vieille forteresse des premiers Valois? Quelle instructive évocation du passé! Quelle éloquente leçon de choses que la réunion de ces engins que manièrent nos aïeux dans les murs mêmes qu'ils élevèrent de leurs mains et défendirent de leur sang!

Et si les tours de l'enceinte, mutilées par un inconcevable vandalisme, pouvaient voir, à la faveur d'une intelligente reconstitution, leurs murs s'élever et dominer à nouveau les vieux remparts de la forteresse, quel intérêt offrirait le château lorsqu'il aurait ainsi retrouvé son aspect d'autrefois et quelle attraction puissante il exercerait alors sur l'archéologue, le savant et le touriste !

Nous ne saurions mieux terminer notre étude historique qu'en faisant des vœux pour que ces rêves se réalisent dans un prochain avenir et nous nous estimerons récompensé au delà de nos désirs si notre modeste travail peut contribuer pour une part, si petite soit-elle, à secouer une indifférence regrettable vis-à-vis d'un édifice si riche en souvenirs et à tirer du profond oubli où elles sont plongées les pierres noircies de l'antique château de Vincennes.

TABLE DES MATIÈRES

CHAPITRE PREMIER

Pages

Etymologie et origine de Vincennes — Le collège du dieu Silvain. — L'ancien manoir royal. — La tourelle de Saint-Mandé. — Les bonshommes du bois de Vincennes.. 1

CHAPITRE II

Vincennes résidence royale. — L'enceinte de Philippe Auguste. — Saint Louis à Vincennes. — Les successeurs de Saint Louis. — Enguerrand de Marigny... 12

CHAPITRE III

Philippe de Valois fait commencer le nouveau château. — Construction du donjon. — Description du château sous Charles V.............................. 21

CHAPITRE IV

Vincennes sous les premiers Valois. — Philippe VI. — Charles V. — Origine du village de Vincennes. — Le château sous Charles VI et ses successeurs..... 36

CHAPITRE V

La sainte Chapelle du château. — Sa construction. — Description des vitraux — La chapelle du XVIIe siècle à nos jours.. 46

CHAPITRE VI

Les Minimes du bois de Vincennes. — Henri III les installe dans le monastère de Grammont. — Rapports des Minimes avec les habitants de Montreuil et de Fontenay.... 64

CHAPITRE VII

Le château sous Louis XIII. — Le Pavillon du Roi. — Louis XIV à Vincennes. — Mademoiselle de la Vallière 88

CHAPITRE VIII

Mazarin à Vincennes. — Ses projets pour l'embellissement du château et du parc. Les derniers jours du cardinal 107

CHAPITRE IX

Vincennes sous Louis XV. — Replantation du bois. — La pyramide commémorative. — La manufacture de porcelaine de Vincennes. — Fabrique d'armes au château 121

CHAPITRE X

Vincennes sous Louis XVI. — La basse cour du château. — Erection de Vincennes en commune....... 130

CHAPITRE XI

Vincennes, prison d'Etat. — Administration intérieure du donjon... 135

CHAPITRE XII

Les prisonniers du donjon. — Marigny. — Philippe de Crony. — Saint-Léger. — Henri de Navarre. —

	Pages
Prince de Condé. — D'Ornano. — Duc de Vendôme. — De Puylaurens, etc............................	148

CHAPITRE XIII

Les prisonniers du donjon (suite). — Le duc de Beaufort ; son évasion. — Condé, Conti et Longueville. — Le cardinal de Retz. — Fouquet. — Crébillon. — Latude ; ses évasions. — Diderot. — Mirabeau, etc. ... 162

CHAPITRE XIV

Vincennes sous la Révolution. — Elections communales. — La fête de la Fédération à Vincennes. — Rapport au conseil municipal de Paris sur le donjon. — L'affaire du 28 février 1791. — Les volontaires nationaux. — Fêtes patriotiques............ 209

CHAPITRE XV

Vincennes sous le Consulat. — Arrestation ; jugement et exécution du duc d'Enghien............... 237

CHAPITRE XVI

Vincennes sous le premier Empire. — Louis XVII a-t-il été enfermé à Vincennes de 1804 à 1809 ? — Rétablissement des prisons d'Etat. — Les cardinaux noirs. — L'abbé de Boulogne. — Le marquis de Puyvert, etc.. 261

CHAPITRE XVII

Le général Daumesnil, gouverneur de Vincennes. — Défense du château (1814). — Vincennes sous la première Restauration et pendant les Cent-Jours. — Deuxième défense du château (1815)............... 276

CHAPITRE XVIII

Vincennes sous Louis XVIII, Charles X et Louis-Philippe. — Les Ministres de Charles X au donjon. — Mort de Daumesnil. — Transformations 287

CHAPITRE XIX

Vincennes depuis 1848. — Barbès et Raspail. — Les représentants du peuple à Vincennes (1851), — Ecroulement de la porte principale (1857). — Vincennes en 1870. — Le général Trochu. — La troisième République............................. 300

Alencon. — Imp. Veuve Félix GUY et C*ie*

A LA MÊME LIBRAIRIE

Lucien Lambeau. — *Le Cimetière Ste Marguerite et la Sépulture de Louis XVII.* — Un vol., 3 planches. . . . . 8 »
Lucien Lambeau. — *La Place Royale.* — Un vol. . . . 12 »
Augé de Lassus. — *La Vie au Palais-Royal.* — Un vol. . 10 »
D'Alméras et d'Estrée. — *Les Théâtres libertins au XVIIIe siècle.* — Un vol., 8 planches. . . . . 15 »
H. Beaulieu. — *Les Théâtres du Boulevard du Crime.* Un vol. 8 »
G. Duchesne. — *L'Abbaye Royale de Longchamp.* — Un vol. 4 »
H. Coutant. — *Le Palais-Bourbon au XVIIIe siècle.* — Un vol., 11 planches. . . . . 8 »
A. Robida. — *L'Ile de Lutèce. La Cité.* — Un vol. . . . 5 »
J. Meyer. — *Livres et Bibliothèques sous l'Ancien Régime.* 6 »

HISTOIRE DES THÉATRES DE PARIS

PUBLIÉE PAR H. LECOMTE

Jolis volumes petit in-octavo sur papier de Hollande
tirés seulement à 150 exemplaires numérotés

Notice préliminaire sur les Théâtres de Paris. . . . (Épuisé)
La Renaissance. — Un vol. . . . . 6 »
Le Théâtre Historique. — Un vol. . . . . 6 »
Le Théâtre National & le Théâtre de l'Egalité. — Un vol. 6 »
Les Nouveautés. — Un vol. . . . . 8 »

N. B. — On peut souscrire à la collection complète.

Bibliothèque des Sciences Maudites

C. Lancelin. — *Histoire Mythique de Shatan :*
    I. *De la Légende au Dogme.* — Un vol. . . 7 50
    II. *Le Ternaire magique de Shatan.* - Un vol. 7 50
  Sous presse III. *La Faillite de Shatan.* — Un vol. . . 7 50
F. Bournand. — *Histoire de la Franc-Maçonnerie.* — Un v. 6 »
Robert Fludd. — *Traité d'Astrologie générale.* — Un vol. 10 »
P. Piobb. — *Formulaire de Haute Magie.* — Un vol. . . 2 50

B. Linnig. — *Bibliothèques et Amateurs d'Ex-Libris belges du XVIe au XIXe siècle.* — Un vol. . . . . 20 »
Cte de St Saud. — *Armorial des Prélats français au XIXe siècle* — 950 blasons. — Un vol. . . . . 15 »

Catalogues gratis sur demande

www.ingramcontent.com/pod-product-compliance
Lightning Source LLC
Chambersburg PA
CBHW072010150426
43194CB00008B/1059